Patrick J. Carnes
Wir verstehen uns

Patrick J. Carnes

Wir verstehen uns

Harmonie in der Familie

CIP-Kurztitelaufnahme der Deutschen Bibliothek

Carnes, Patrick J.:
Wir verstehen uns: Harmonie in d. Familie / Patrick
J. Carnes. [Aus d. Engl. übertr. von Wolfgang Rhiel].
– Landsberg am Lech: mvg-Verlag, 1987.
   (mvg-Paperbacks; 309)
   Einheitssacht.: Understanding us ‹dt.›
   ISBN 3-478-03090-0

NE: GT

Titel der Originalausgabe: »Understanding Us«
Copyright © by Patrick J. Carnes
Illustrations: Barry Ives
Aus dem Englischen übertragen von Wolfgang Rhiel.

© Alle deutschen Rechte bei mvg — moderne verlagsgesellschaft mbh
8910 Landsberg am Lech
Umschlaggestaltung: Baeuerle & Gruber
Druck- und Bindearbeiten: Presse-Druck Augsburg
Printed in Germany 030 090/287152
ISBN 3-478-03090-0

Inhalt

Danksagung

Viel Zeit ist seit jenen überfüllten Abenden im Pfarrsaal vergangen. So vereint dieses Buch mehr als zehn Jahre Erfahrung in sich. Es reflektiert außerdem die Beiträge vieler, denen ich noch nicht gedankt habe, und zwar:

— Vom Stab des Familien-Lernzentrums der Kirche Saint Mary of the Lake, wo alles begann, von Pater Anthony Louis, Tom Sweeney, Frances Meyers und George Meullner.

— Vom Management und Stab des Zentrums für Familienerneuerung am Fairview Southdale Hospital, wo es weiterging, unter anderem mit Al Nohre, Ellie Killorin, Jerry Larsen, Glenice Anderson und Ann Golla. Besonderer Dank gilt Miriam Ingelbritson und Dave Walsh vom Zentrum für Familienerneuerung, die als Mitarbeiter bei der Ausbildung der Trainer wertvolle Anregungen zum Programm und Lehrgang gemacht haben.

— Von meiner Familie, den Eltern, meiner Frau Terri, und den Kindern David, Stefanie, Jennifer und Erin. Ihre Geschichten, an denen ich oft teilhatte, und ihre Unterstützung und Geduld waren unentbehrlich. Ihnen ist dieses Buch gewidmet.

Zum Geleit

Ich erinnere mich eben an meine erste Begegnung mit Patrick Carnes, dem Autor, wie er im Sommer 1980 auf einem Trainerkurs in Minneapolis Inhalt und Zielsetzung dieses Buches für mich und meine Tochter Martina lebendig werden läßt. Am Ende dieses Kurses entsteht in mir der Wunsch, daß dieses Familienprogramm in Buchform und als Gruppenerfahrung auch in Deutschland erlebbar wird.

Im Gegensatz zur üblichen Literatur für die Familie will dieses Entwicklungsprogramm

1. die Familien als Ganzes — nämlich Eltern und Kinder — gemeinsam lehren, wie sie sich besser verstehen können
   und

2. vermitteln wie sich die Familienmitglieder in der Anerkennung der eigenen Verantwortung und in ihrer wechselseitigen Abhängigkeit von anderen im Familiensystem entwickeln können.

Theorie und Praxis, gedankliches Verstehen und einübendes Verfahren, ermöglichen es dem Leser, sich und die Identität seiner Familie besser zu begreifen und neue Alternativen zur Lösung von Veränderungskonflikten und schmerzhaften Wandlungsprozessen zu entdecken.

Ich freue mich, daß dieses Buch jetzt auch dem deutschsprachigen Leser und Teilnehmer an Familientrainings zugänglich ist.

Hamburg, Sommer 1982

Michael Paula
Institut für personale Beziehungen
Kooperation und Kommunikation

Einleitung

An einem stürmischen Nachmittag Anfang März hatte ich mich aufgemacht, um meine Tochter Jennifer von der Montessori-Schule abzuholen. Auf dem verschneiten Boden spielten sie und ihre Freunde völlig selbstvergessen »Monstrum«. Ich hatte einen sehr unangenehmen Tag hinter mir, und die Aussicht, auf dem Boden herumzukrabbeln und zu spielen, erschien mir als ein gutes Mittel gegen meine gedrückte Stimmung. Auf allen Vieren begann ich herumzukriechen und spielte meine beste Monster-Nummer. Bald war ich von einer Traube Fünfjähriger in den Schnee gefesselt. Ihr wildes Knurren beantwortete ich ebenso wild, bis wir uns alle lachend am Boden wälzten.

Ich rappelte mich auf und sagte Jennifer, daß wir gehen müßten. Sie erwiderte: »Papi, ich muß dir erst noch etwas zeigen.« Augenblicklich waren Ungeduld und Verkrampfung von vorher wieder da. »Nein, Jennifer,« entgegnete ich. »Wir gehen jetzt.« Ich betonte das »Jetzt« auf eine Weise, die zeigen sollte, daß ich keinen Aufschub mehr dulden würde. Jennifers Antwort war ebenso bestimmt. »Es ist wichtig, Papi!« Ihr fester Blick und die resolute Haltung, gekrönt durch die in die Hüfte gestemmte Hand, erinnerten mich derart an ihre Mutter, wenn diese bestimmt war, daß ich lächeln mußte.

Sofort wirbelte Jennifer herum und führte mich zu einer Ecke des Schulhofs. Geduckt zwischen der roten Steinmauer und einer Schneewehe stand ein einsamer Klee. Er mußte ein Vorbote des Frühlings sein und war auf jeden Fall eine außergewöhnliche Entdeckung. Noch wichtiger aber war, daß ich, als ich auf den blaßgrünen Sproß blickte, mir überdeutlich bewußt war, wie sehr mich noch die Ereignisse des Tages beschäftigten. Es gab schließlich wichtigere Dinge, als Monstrum im Schnee zu spielen oder einen vorwitzigen

Klee zu entdecken. Das wichtigste aber war, daß ich erkannte, welch großes Geschenk mein Kind mir gemacht hatte — es hatte mir den richtigen Blick für die Bedeutung der Arbeit vermittelt.

Dieses Ereignis kommt dem gleich, wovon dieses Buch handelt. Es handelt von Eltern, die ihren Kindern Grenzen setzen, und davon, wie das ihre Wertvorstellungen und das Gefühl für das eigene Ich berührt. Es schildert auch, daß Eltern von ihren Kindern lernen und Zugeständnisse in ihrer Lebensweise machen. Dieses Buch betrachtet die Familie als das Fundament der Entwicklung sowohl des Kindes wie des Erwachsenen.

Die Familie ist ein menschliches System, innerhalb dessen sich ihre Mitglieder entwickeln. Dieses Buch soll allen Familien helfen, sich als ein Entwicklungssystem zu begreifen. Wie jedes System muß eine Familie flexibel genug sein, um sowohl den kulturellen Veränderungen wie auch der Entwicklung der Familienmitglieder gewachsen zu sein. Es braucht außerdem starke Bande, auf die die Familienmitglieder hinsichtlich Beständigkeit, Unterstützung und Identität angewiesen sind. In einer Zeit, in der es »Wegwerf-Ehen« neben der aufrichtigen Suche nach den »Wurzeln« der Familie gibt, besteht auch ein Bedürfnis nach einem Führer zur Ökologie der menschlichen Beziehungen.

Es gibt ausgezeichnete Bücher über die Rolle der Eltern und darüber, wie man eine Beziehung besser gestalten kann. Auch sie sind ein Zeichen unserer unablässigen Suche nach »der Methode«, unsere Kinder großzuziehen oder unsere Ehe zu beleben. Elternsein zum Beispiel wird zu etwas, das man für andere tut, kein wechselseitiges Verhältnis, bei dem auch der Erwachsene sich entfaltet. Unser Anliegen ist anders. Wenn ein Familienmitglied den eigenen Werdegang begreift, kann es für sich das Recht das Experten in Anspruch nehmen zu entscheiden, wie und in welche Richtung es sich entwickeln will. In diesem Buch werden keine Techniken gelehrt. Es zeigt der Familie vielmehr den Weg, gemeinsam die Entscheidungsmöglichkeiten zu erkunden.

Das Buch »Harmonie in der Familie« soll unser Bewußtsein über die eigenen Grenzen hinaus hin zur persönlichen Ökologie der Beziehungen erweitern. Die hier geschilderten Grundsätze beruhen auf Forschungsergebnissen und geben den gegenwärtigen Wissensstand auf dem Gebiet der Familien- und Ehesysteme wider. Sie sind auf jeden Familientyp anwendbar. Das Buch ist für Familien gedacht, deren

Fragen jedem von uns geläufig sind. Alles was notwendig ist, ist die Bereitschaft, gemeinsam dieses Buch zu lesen und darüber miteinander zu reden.

Grundsätzliche Anmerkungen

Das in diesem Buch vorgestellte Programm erkennt einige grundlegende Gegebenheiten über das Leben in einer Familie an. Die wichtigste ist, daß die Familie sich ständig wandelt, auch wenn sie von vielen als Hort der Beständigkeit angesehen wird. Jede Mutter und jeder Vater, die betrübt mitansehen, wie ihr Kind viel zu schnell groß wird, oder das Altern der eigenen Eltern bewußt erleben, kann bestätigen, daß in einer Familie kaum etwas längere Zeit unverändert bleibt.

Es gibt zwei Arten von Entwicklung, die gleichzeitig in der Familie vorkommen. Die erste ist die Suche jedes einzelnen Familienmitgliedes nach seiner eigenen Identität. Es ist heilsam, einen Begriff von sich selbst zu haben, wenn man sich entwickelt und Bewußtsein und Fähigkeiten wachsen. Das ist ein Vorgang, der bis ans Lebensende anhält. Dieses Buch ist in der Überzeugung geschrieben, daß die Entfaltung der Erwachsenen ebenso wichtig ist wie die der Kinder. Tatsächlich brauchen sich alle Familienmitglieder gegenseitig, wenn sie sich entwickeln wollen. Ihre Abhängigkeit voneinander ist der Schlüsselfaktor der zweiten Art von Entwicklung, des Wachstums der Familie.

Auch die Familie sucht nach ihrer Identität. Anstelle des Begriffs von sich selbst hat die Familie einen Begriff vom »Wir«. Die besten Voraussetzungen für die Entwicklung des »Wir« wie auch des einzelnen sind gegeben, wenn zwischen den Bedürfnissen aller Ausgewogenheit herrscht. Diesen Prozeß zu schildern ist das Hauptanliegen dieses Buches.

Weil die Entfaltung selbst in der ausgeglichensten Familie nicht reibungslos vonstatten geht, erarbeiten die Mitglieder gemeinsam einige wesentliche Punkte. Diese Punkte haben ihren Ursprung im allgemeinen in drei grundlegenden Fragen, denen sich jede Familie einfach nur deswegen gegenüber gestellt sieht, weil sie eine Familie ist:

1. Wie anpassungsfähig und flexibel sind wir als Familie?

2. Wie vertraut und engagiert sind wir als Familie?
3. Wie stark hängen wir als Familie voneinander ab und können einander vertrauen?

Die Antworten auf diese Fragen fallen innerhalb eines Familienlebens sehr unterschiedlich aus. Eine Familie mit drei Kindern, von denen noch keins sechs Jahre alt ist, wird die Fragen ganz anders beantworten als die gleiche Familie, wenn die Kinder 20 oder älter sind.

Es ist allerdings nicht immer einfach, die nicht zu umgehenden Fragen zu lösen. Bleibt ein Punkt unverändert schwierig, wird er zum Problem für die Familie und betrifft alle. Meistens geht das auf mangelndes Verständnis oder die Unfähigkeit zurück, irgendwelche wesentlichen Veränderungen zu erkennen. Dieses Buch gibt jeder Familie Möglichkeiten an die Hand, die geänderten Situationen neu zu begreifen und einander neu zu erkennen:

— indem man gemeinsam lernt, wie eine Familie entsteht und erhalten wird.

— indem man einen Blick dafür vermittelt, wie es zu einem Konflikt kommt.

— indem man die Erfahrungen aller in der Familie miteinander vergleicht.

— indem man die Wahlmöglichkeiten bezüglich selbstzerstörerischer Zyklen in der Familie erforscht.

— indem man die Gegensätze zur Kenntnis nimmt, die in den menschlichen Beziehungen enthalten sind.

— indem man einen Rahmen dafür schafft, persönliche Verantwortung in Familienangelegenheiten zu übernehmen.

— indem man ein gesteigertes Bewußtsein für das »Wir« der Familie entwickelt.

Dieses Buch bietet ein gemeinschaftliches Lernerlebnis, bei dem eine Familie feststellen kann, daß jedes ihrer Mitglieder als Einzelperson, und auch sie als Familie vor anderen bestehen kann, wenn jeder verantwortungsbewußte Entscheidungen trifft.

Dieses Buch ist in vieler Hinsicht eine Einladung, sich zusammenzusetzen und miteinander zu reden, eine Art Bestandsaufnahme zu machen. Viele Familien haben berichtet, einer der wichtigsten Teile des Programms sei die Erkenntnis gewesen, wie wenig man als Familie bisher miteinander gesprochen hatte. Oft wurde über Dinge gesprochen, die allen bereits bekannt waren, über die man sich aber nicht ausgetauscht hatte.

Kurzer Abriß des Buches

Das Buch »Harmonie in der Familie« ist in vier große Kapitel eingeteilt — sich anpassen, Anteil nehmen, sich entwickeln und sich verändern. In jedem Kapitel wird ein zusammenhängendes Thema behandelt. Die nachfolgenden Kapitel bauen auf Begriffen auf, die in den vorangegangenen entwickelt wurden. Zusammen bilden sie ein umfassendes Modell für die Beziehungen in den Familienabläufen.

Im ersten Kapitel wird dargestellt, wie eine Familie die eigene Struktur verändert, um den sich wandelnden Bedürfnissen der Familienmitglieder entgegenzukommen. Es werden Unterschiede im Grad der Anpassungsfähigkeit oder Flexibilität in den Familien untersucht. Zu den Schlüsselfaktoren, die berücksichtigt werden, gehört unter anderem, wie sich eine Familie organisiert, eine Krise übersteht und ein Wertsystem entwickelt.

Kapitel zwei unterstreicht die Bedeutung des Zusammenhalts und der Vertrautheit als Familie. Auch hier werden bei den Familien unterschiedliche Abstufungen des Zusammengehörigkeitsgefühls untersucht, wobei besonders solche Faktoren wie Autonomie, das Dulden von Fehlern und die Selbsteinschätzung betrachtet werden. Nachdem die Grundprinzipien um die Anpassungsfähigkeit und den Zusammenhalt geklärt sind, erläutert der zweite Teil dieses Kapitels den zentralen Ablauf dessen, wie sich eine Familie bildet, das heißt, wie zwei »Familiengeschichten« miteinander verschmelzen, um eine neue Familie zu schaffen.

Kapitel drei greift die Elemente der Anpassungsfähigkeit und Bindung auf und bringt sie in eine sogenannte Familienkarte ein. Auf der Karte lassen sich sowohl die Familiengeschichte wie auch die fortlaufende Entfaltung der Familie darstellen. In der zweiten Hälfte des Kapitels wird der sogenannte Identitätszyklus vorgestellt. Wenn ein Familienmitglied die vier Phasen der Identität begreift — Abhängigkeit, Gegenabhängigkeit, Unabhängigkeit und Interdependenz —, kann es seine Rolle im Umfeld Familie besser überprüfen.

Im abschließenden Kapitel wird die grundsätzliche Spannung zwischen dem Dasein als Individuum und dem als Familienmitglied analysiert. Wenn Familienmitglieder die Annehmlichkeiten ihrer Familie erkennen, können sie Probleme auf verschiedene, ihnen genehme Arten angehen, ohne getadelt zu werden oder sich lächerlich zu machen.

Wie man den Inhalt dieses Buches umsetzt

Im allgemeinen ist dieses Buch die Grundlage eines vierteiligen Kurses, den ein ausgebildeter Lehrer hält. Falls Ihre Familie an diesem Kurs teilnimmt, wird Ihnen der Lehrer erklären, wie man das Buch benutzt. Vielleicht benutzen aber auch Familien das Buch, die es gemeinsam lesen wollen, oder aber Einzelpersonen, die einfach nur ein besseres Verständnis der Funktionsweisen ihrer Familie anstreben. Für letztere sind einige Anmerkungen angebracht.

Im Buch ist eigens viel Rand gelassen worden, damit Sie Ihre Gedanken und Fragen niederschreiben können. Falls andere Mitglieder Ihrer Familie das Buch ebenfalls lesen, können sie Ihre Randbemerkungen kommentieren. So kann es im Buch zu einem Familiendialog kommen. Der Text fordert Sie alle dazu heraus, gemeinsam über Ihr Leben nachzudenken. Dieses »Familiendokument« kann im Laufe der Jahre immer wieder eingesehen werden, um festzustellen, wie sich die Situation verändert hat.

Die Übungsaufgaben

Nach den Schlußsitzungen eines der Gruppenkurse kam eines Abends ein kleiner, adretter Mann mittleren Alters auf mich zu und sagte: »Danke für die Familienkarte.« Dann erzählte er mir weiter, wie er und seine Frau jahrelang darüber gestritten hatten, ob seine oder ihre Art die richtige sei. Inzwischen hatten sie Kinder im Teenageralter, die in den Konflikt mit hineingezogen worden waren. Er erklärte: »Ich erkannte, daß es wie bei den Experimenten ist, bei denen verschiedene Personen, die das gleiche Ereignis sehen, etwa einen Verkehrsunfall, völlig unterschiedliche Darstellungen geben. Es kommt darauf an, welchen Blickwinkel man hat.« Am wichtigsten für ihn aber war gewesen, daß alle vier seit langem gegensätzliche Meinungen gehabt hatten, ohne sich zu streiten. Tatsächlich begann er die Reaktionen anderer zu verstehen.

Er erzählte mir seine Geschichte, und irgendwann gesellten sich seine Frau und seine heranwachsenden Kinder zu uns. Es traf mich sehr, wie schnell es passieren konnte, daß vernünftige Menschen, die einander sehr liebten, sich so auseinanderlebten, nur weil jeder auf seinem Standpunkt beharrte. Die jüngste Tochter faßte es in einem Satz zusammen: »Wir haben viel Zeit vergeudet.«

Dieses Buch enthält zahlreiche Übungen, in denen die Familienmitglieder aufgefordert werden, über ihre Familie nachzudenken. Wie in der eben geschilderten Familie ist es auch anderswo wahrscheinlich, daß die Menschen, die sich unterscheiden, die Dinge unterschiedlich sehen. Die erfolgreichste Methode, die Übungen zu nutzen, um mehr über die eigene Familie zu erfahren, besteht darin, daß man sich gegenseitig zugesteht, etwas unterschiedlich aufzufassen. Man muß nicht beweisen wollen, daß die eigene Auffassung die richtige ist. Man muß anderen zuhören, wenn man ihre Meinung über die eigene Familie erfahren will.

Die Übungen sollen jeweils wichtige Themen in den einzelnen Kapiteln verdeutlichen und das Programm dieses Buches ergänzen. Vielleicht wollen Sie nicht alle durchnehmen, oder Sie finden zwischen zwei Gruppensitzungen nur Zeit für ein oder zwei Übungen. Sie haben jedoch am meisten vom Text, wenn Sie so viele wie möglich machen.

In den Übungsaufgaben wird von Ihnen sehr Unterschiedliches verlangt. Bei einigen müssen Sie entweder allein oder gemeinsam mit anderen Familienmitgliedern über Ihre Familie nachdenken. Bei anderen müssen Familienmitglieder Geschichten erzählen. Wieder andere schreiben vor, daß Sie als Familie etwas zusammen machen. Die Übungen können Ihnen helfen, neue Einsichten in Ihre Familie oder neue Erkenntnisse über Ihre Einzigartigkeit zu gewinnen. Eines der Hauptanliegen der Übungen ist aber auch, Ihnen und Ihrer Familie Freude zu bereiten. Wenn Sie die verschiedenen Übungen durchgehen, machen Sie es so, daß Sie Spaß dabei haben.

Bei den Übungsaufgaben ist jeweils angegeben, für wen sie gedacht sind. Mit Gruppe gekennzeichnete Übungen gehören in die Gruppensitzungen. Andere Übungen sind zwischen den Sitzungen zu erledigen; wann sie zu machen sind, ist jedem freigestellt. Mit Familie gekennzeichnete Übungen sind für die gesamte Familie vorgesehen. Ihnen voraus gehen manchmal Aufgaben, die nur von ein oder zwei Familienmitgliedern gelöst werden müssen, vielleicht von den Eltern oder den Kindern. Diese Übungen sind mit Eltern/Familie oder Kinder/Familie bezeichnet. Einige Eltern-Übungen sind nur für Eltern, die Kinder-Übungen entsprechend nur für die Kinder. Einige Übungen schließlich können von jedem Familienmitglied allein erledigt werden, sie sind mit Individuell markiert. Manchmal steht bei den einzelnen Übungsaufgaben nur begrenzter Platz für Anmerkungen zur Verfügung. Wenn mehrere Personen eine Übung durchgehen, braucht man vielleicht ein paar Blatt Papier extra.

Unter den Übungen am Ende jedes Kapitels befinden sich einige Kurzaufgaben, sogenannte Eintragungen im Familientagebuch. Sie enthalten Fragen, die das Denken in der Familie fördern. Die Textanordnung gestattet den Familienmitgliedern, Anmerkungen füreinander als eine weitere Möglichkeit gemeinsamen Handelns anzubringen. Der eine oder andere hat die Fragen als Ausgangspunkt dafür genommen, Eintragungen im eigenen Tagebuch zu machen. Die Benutzung des eigenen Tagebuchs ist eine ausgezeichnete Ergänzung dieser Kurzaufgaben.

Dieses Buch berührt einige der wichtigsten Fragen unseres Daseins. Es ist nicht ratsam, es auf einmal zu lesen. Die einzelnen Kapitel erfordern zwar nur jeweils etwa eine halbe Stunde Lesezeit, darüber hinaus aber etwas Zeit zum Nachdenken. Am besten ist, zwischen den Kapiteln jeweils ein paar Tage Pause einzulegen, damit sich die Gedanken etwas festigen können. Will man mit dem Buch an einem ruhigen Wochenende arbeiten, empfiehlt sich auch dann, Kapitel für Kapitel zu lesen.

Kapitel 1 — Sich anpassen

Unsere kleine Geschichte spielt an einem Donnerstagabend spät im August. Die Familie sitzt am Eßtisch. Susanne, die 15jährige Tochter, hat etwas Heikles zu besprechen. Sie hat eine Einladung bekommen, ein Wochenende mit einer Freundin zu verbringen und zu einer Party zu gehen, die letzte Möglichkeit, sich noch einmal auszutoben, bevor die Schule wieder beginnt. Sie möchte schrecklich gern gehen. Die Schwierigkeit ist nur, daß dies auch das letzte Wochenende ist, an dem die Familie gemeinsam am See sein kann. Die Familie hatte festgestellt, daß es nach dem Schulbeginn kaum noch Gelegenheit geben würde, ein gemeinsames Wochenende am See zu verbringen. Daher hatten sich alle bereit erklärt, die letzten Wochenenden des Sommers für die Familie freizuhalten. Für den Vater, der großen Wert auf das Zusammensein der Familie legt, ist diese Vereinbarung sehr wichtig.

Seine Antwort lautet prompt »nein«. Die Mutter unterstützt zwar pflichtschuldig den Standpunkt des Vaters, gibt aber durch ihre Blicke zu erkennen, daß sie versteht, wie wichtig die Angelegenheit für Susanne ist. Außerdem möchte die Mutter, daß Susanne lernt, für die eigenen Belange einzutreten. Die Diskussion wird immer erregter, bis Susanne ihrem Vater schließlich vorwirft, sich im Grunde gar nichts aus ihren Bedürfnissen zu machen. Ihr Vater ist verletzt und fühlt sich mißverstanden, reagiert jedoch zornig. Er beharrt darauf, daß Susanne zu ihrer Zusage steht. Alle gehen bedrückt und mit dem unguten Gefühl zu Bett, daß das Wochenende nicht sehr erfreulich wird.

Weder Susanne noch ihr Vater verlangt etwas Unbilliges. Es ist natürlich, daß Susanne sich in die Gruppe der gleichaltrigen Freundinnen und Freunde einbringt und auch Teil ihrer Suche nach Unabhängigkeit. Aber auch der Wunsch des Vaters, mit der gesamten Familie zusammenzusein, ist verständlich und für den Familienzusammenhalt unentbehrlich. Die entscheidende Frage ist also, wie die Meinungsverschiedenheiten ausgeräumt werden können und wie anpassungsfähig die Familie ist. In jeder Familie tauchen solche Fragen auf. Wie reagiert eine intakte Familie auf sie?

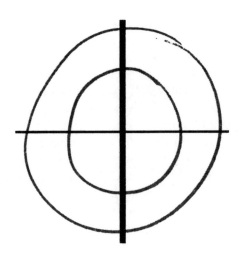

Anpassungsfähigkeit in der Familie

Zwei für eine intakte Familie notwendige Eigenschaften sind die Fähigkeit zu planen und die Fähigkeit, aufgekommene Streitigkeiten auszutragen. Das nennt man Anpassungsfähigkeit. Die Familien unterscheiden sich in ihrer Anpassungsfähigkeit je nach Herkunft, Erfahrung und dem Entwicklungsstadium der Mitglieder. Wenn die Kinder klein sind, brauchen sie eine eher hierarchische Umgebung. Wenn sie reifer werden, gewähren ihnen die Eltern mehr Verantwortung und Unabhängigkeit. Die Umgebung innerhalb der Familie wird dann flexibler. Was in einem hierarchisch gegliederten Umfeld von beiden Elternteilen verlangt wird, unterscheidet sich erheblich von dem, was die flexiblere Umgebung erfordert.

Es gibt fünf Bereiche, die für die Anpassungsfähigkeit einer Familie von grundlegender Bedeutung sind. Das sind Führung, Disziplin,

Aussprache, Organisation und Wertvorstellungen. Jeder Bereich spielt eine wichtige Rolle dabei, wie flexibel oder festgefügt eine Familie ist.

Führung

Führung besagt, wie die Zielvorstellungen und Richtlinien für die Familie bestimmt werden. In einer Familie mit festerem Gefüge ist die Führung ziemlich straff und auf wenige Personen begrenzt, meistens auf die Eltern. In der einen oder anderen größeren Familie übernehmen auch ältere Kinder Führungsverantwortung. Streng hierarchische Familien sind gekennzeichnet durch ein hohes Maß an Planung. Man bemüht sich zwar, jedes Familienmitglied in die Überlegungen mit einzubeziehen, doch sind die Möglichkeiten für spontanes Handeln begrenzt. Große Familien oder Familien mit kleinen Kindern sind in dieser Kategorie öfter vertreten.

Flexiblere Familien sind demokratischer. Alle Mitglieder tragen mit zum Familienleben bei, und Verantwortung wird, wenn Aufgaben zu erledigen sind, eher gemeinsam getragen oder reihum delegiert. Flexible Familien entwickeln zwar auch Pläne, ändern sie aber auch eher ab und handeln spontaner. Da größere Flexibilität voraussetzt, daß die Familienmitglieder ein hohes Maß an Unabhängigkeit erreicht haben, finden wir in einer anpassungsfähigeren Familie im allgemeinen ältere oder heranwachsende Kinder.

Disziplin

Disziplin beinhaltet die Art und Weise, in der Eltern ihren Kindern Grenzen setzen. In hierarchisch gegliederten Familien sind diese Grenzen voraussehbar. Die Eltern folgen eindeutig festgelegten Regeln, die auf die Mehrzahl der Vorkommnisse anwendbar sind. Diese Regeln sind ziemlich klar umrissen und bedürfen kaum der Auslegung. Die Eltern tragen die Verantwortung dafür, daß die Beschränkungen aufgestellt werden, sie sind von ihnen überzeugt und verschaffen ihnen Geltung. Die Eltern passen sie der Reife des Kindes an.

Flexiblere Familien sind in ihren Beschränkungen nicht so festgelegt. Die Eltern richten sich stärker an der Einzelsituation aus und wenden allgemeine Grundsätze an, um das Ergebnis steuern zu können. Die Eltern sind nach wie vor verantwortlich für das Aufstellen der Beschränkungen, denn die Kinder kennen die allgemeinen Grundsätze, denen die Eltern folgen, und vertrauen darauf, daß die Eltern fest hinter ihnen stehen.

Aussprache

Für das Planen und Lösen von Problemen ist es notwendig, daß die Familie sich ausspricht. In den Familien mit festgefügter Ordnung sind diese Gespräche ganz klar ausgerichtet. Verantwortung und Verpflichtungen werden mit einem Mindestmaß an Diskussion genau festgelegt. Die Familie ist frei in ihren Wahlmöglichkeiten, dennoch sehr verläßlich und sicher, insbesondere Familien mit kleinen Kindern. Probleme werden mit viel Erfolg gelöst, weil der Verläßlichkeit ein hoher Stellenwert zukommt.

In anpassungsfähigeren Familien spricht man sich relativ offen aus und ändert ohne weiteres Entscheidungen ab, wenn sich veränderte Gegebenheiten zeigen. Dieses Muster ist dort zweckmäßiger, wo das Schwergewicht auf der Unabhängigkeit liegt, wie beispielsweise in einer Familie mit Kindern im Teenageralter, und wo man darauf vertrauen kann, daß sich die anderen an die Abmachungen halten. Probleme werden erfolgreich gelöst, weil Lösungen durch den Gebrauch veränderter Wahlmöglichkeiten geschaffen werden.

Organisation

Jedes Familienumfeld hat einen unterschiedlichen Grad von Stabilität. In den hierarchisch gegliederten Familien wird Wert darauf gelegt, hinreichend organisiert zu sein, um Schwierigkeiten zu vermeiden. Es besteht eine beschütztere Umgebung, vor allem für Kinder. Eine flexiblere Familie behandelt Alltagsangelegenheiten mit weniger Ordnung und Organisation. Die Familienmitglieder reagieren erst auf Schwierigkeiten, wenn diese auftauchen.

Entscheidend für die Anpassungsfähigkeit des Familienumfeldes ist, wie gut die Familie mit Krisen fertig wird. Die flexiblere Familie erholt sich normalerweise schneller von einer Krise, und strittige Fragen sind bald geklärt. Die stärker hierarchisch gegliederte Familie meistert kritische Situationen ebensogut, doch braucht sie für gewöhnlich einige Zeit, um sich umzustellen.

Von größter Bedeutung für die Anpassungsfähigkeit einer Familie ist die Rangordnung ihrer Wertvorstellungen. Sind beim einzelnen die Wertvorstellungen für seine Persönlichkeit entscheidend, so beruht das Identitätsgefühl einer Familie — ihr Wir — auf einer allgemeinen Wertordnung. Um diesen Kern von Werten, der von Generation zu Generation weitergegeben wird, können die Familien wieder streng hierarchisch oder flexibel sein. Eine relativ starre Bindung an Wertvorstellungen der Familie ist eine der Möglichkeiten, durch die eine Familie mit festem Gefüge sich ihre Stabilität bewahrt. Das Ergebnis ist ein gesteigerter Sinn für Familiensolidarität, die besonders wichtig ist, wenn die Kinder noch klein sind oder die Familie unter bedrohlichen Umständen lebt.

Anpassungsfähigere Familien neigen ebenfalls dazu, das zu bewahren, was sie schätzen. Doch haben sie auch eine Ader für die Vielfalt der Welt. Daher beziehen sie eher als festgefügte Familien neue Werte in das Wertsystem der Familie ein. Die anpassungsfähige Familie würde auch für eine unabhängigere Denkweise eintreten, als vielleicht in einem Haus mit lauter Teenagern erforderlich wäre.

Hierarchie oder Flexibilität

Alle fünf Bereiche schließen gemeinschaftliche Fragen ein. Hierarchisch gegliederte Familien neigen dazu, sich relativ stark um einen Mittelpunkt zu gruppieren und zu organisieren. Anpassungsfähigere Familien neigen mehr zu Zusammenarbeit und dazu, auf sich verändernde Umstände zu reagieren. Sowohl Hierarchie wie Anpassungsfähigkeit sind gut, was jedoch davon abhängt, wie die Familie sich zusammensetzt und welche Bedürfnisse sie hat.

Familien mit kleineren Kindern empfinden es oft als zweckmäßig, eine vergleichsweise festgefügte Umwelt beizubehalten, weil kleine Kinder mehr Vorhersehbarkeit und mehr direkte Führung brauchen. Familien mit älteren Kindern, etwa Teenagern, halten in aller Regel eine relativ flexible Umgebung für angenehmer, weil die größere Freiheit, die sie bietet, den Bedürfnissen der Heranwachsenden nach Unabhängigkeit angemessener ist.

Die richtige Stufe der Anpassungsfähigkeit einer Familie hängt jedoch nicht nur vom Alter der Kinder ab. Auch die Erwachsenen haben Bedürfnisse, die berücksichtigt werden sollten. Nehmen wir eine Familie mit zwei Kindern im Teenageralter: Normalerweise kämen sie in einer relativ flexiblen Familienumgebung gut zurecht. Aber falls der Vater einen entscheidenden Punkt auf seinem beruflichen Weg erreicht hat und durch seine Arbeit sehr gefordert wird, ist vielleicht eine vergleichsweise geordnete Umwelt das beste für ihn. Arbeitet die Mutter außer Haus, oder setzt sich sehr für kirchliche oder kommunale Belange ein, wäre auch für sie eine geordnetere Umgebung das beste.

Familien sind sehr unterschiedlich, und nur die Mitglieder wissen, ob ihre Familie anpassungsfähig genug ist. Ein aus drei Erwachsenen bestehender Haushalt, von denen einer körperbehindert ist, ist unter Umständen sehr stark gegliedert. Eine andere Familie mit schon heranwachsenden Kindern und noch einem verwöhnten Kleinkind weist möglicherweise hierarchische und flexible Strukturen auf. Da sich darüber hinaus die Bedingungen ständig wandeln, ändert sich höchstwahrscheinlich auch die Anpassungsfähigkeit einer Familie. Auf jeden Fall ist die Anpassungsfähigkeit einer Familie ihrer speziellen Situation im allgemeinen angemessen — bis eine Frage auftaucht, bei der die Familie entweder zu hierarchisch gegliedert oder zu flexibel ist.

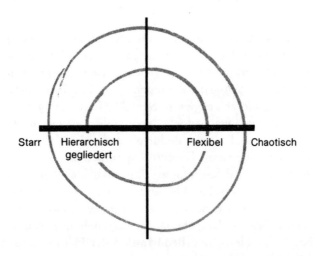

Starr | Hierarchisch gegliedert | Flexibel | Chaotisch

Starre Hierarchie oder zuviel an Flexibilität

Fast alle tun wir früher oder später irgend etwas, das eine bestimmte Grenze überschreitet. Das kann einer Familie auch passieren. Wenn es in einer Familie vorkommt, wird es normalerweise zu einer Streitfrage zwischen zwei oder mehr Personen. Nehmen wir eine Familie mit drei heranwachsenden Kindern, in der die meisten Angelegenheiten flexibel angegangen werden. Eine der wenigen Ausnahmen ist der Kirchgang. Die Eltern bestehen so unnachgiebig auf dem regelmäßigen Besuch der Kirche, daß die Kinder allmählich eine Antipathie gegen die Kirche entwickeln. Bis es zu einer Streitfrage wurde, gingen die Kinder gern in die Kirche. Weil die Eltern keine Ausnahme zuließen, erzielten sie das genau entgegengesetzte Ergebnis von dem, was ihnen vorschwebte.

Familien erleben ihre Schwierigkeiten mit einer zu strengen Ordnung, wenn sich die Umstände zu ändern beginnen. Wenn Eltern beispielsweise nicht bereit sind, bestimmte Regelungen für die reifer werdenden Kinder zu lockern, sehen diese sich vielleicht Beschränkungen gegenüber, die nicht mehr angemessen sind. Ein anderes Beispiel liefert die Familie, die einen bis ins letzte ausgeklügelten Plan für die Arbeiten im Haushalt erstellt hat. Er funktioniert jedoch nur, wenn keine Schulferien sind. Während der Sommerferien auf der Einhaltung des Plans zu bestehen, nur weil es der Plan ist, wirkt selbstzerstörerisch.

Streitigkeiten im Gefolge von zuviel Flexibilität offenbaren oft ein mangelhaftes Durchführen von Übereinkünften. Ein Anzeichen von zuviel Flexibilität ist es, wenn eine Familie nirgendwo rechtzeitig erscheinen oder sich nicht zu Tisch setzen kann, ohne daß jemand fehlt. Eine Familie, deren sämtliche Mitglieder sich bereit erklärt haben, die Wohnung zu putzen, in der sich dann aber niemand findet, der es tut, hat Schwierigkeiten mit dem Durchführen. Die Familienmitglieder sind einfach zu flexibel.

Manchmal sind strittige Punkte gar keine strittigen Punkte. Was zunächst so erscheint, ist vielleicht nur eine Frage des Blickwinkels. Gestaltet man die Situation um, sieht man sie vielleicht als Herausforderung oder Gelegenheit, nicht als Problem. Vor kurzem klagte ich meinem Vater, daß ich bei der Arbeit zerstreut sei. Er erzählte mir von einer kleinen Begebenheit aus meiner Schulzeit. Er lästerte immer darüber, daß ich beim Lernen das Radio laufen ließ. Er behauptete, ich könnte mich unmöglich konzentrieren. Ich erwiderte, daß ich mit Musik besser lernen könne. Er dachte darüber nach und kam zu dem Schluß, daß ich recht hatte. Das Leben ist voller Unterbrechungen und Ablenkungen. Auch er mußte lernen, sich zu konzentrieren, wenn er abgelenkt wurde, damit die Arbeit fertig wurde. Manchmal wird eine strittige Frage dadurch gelöst, daß man sie von verschiedenen Seiten betrachtet.

Einigen Fragen kommt man jedoch auch dann nicht bei, wenn man sie von mehreren Seiten beleuchtet. Hier muß ein Lösung durch Gespräche und Kompromisse gesucht werden. In fast jeder Familie hat es schon einmal Fälle gegeben, die eine Quelle der Spannungen waren. Für die meisten Familien bleiben diese Fälle auf eine bestimmte Situation begrenzt und lösen sich mit der Zeit auf. In einigen Familien aber gibt es derart viele ungelöste Fragen, daß das Familienumfeld selbst zum Problem wird. Das geschieht, wenn eine Familie vom Zustand zu großer Flexibilität in den des Chaos wechselt oder, am anderen Ende der Skala, vom Zustand zu starker hierarchischer Gliederung in den der Erstarrung.

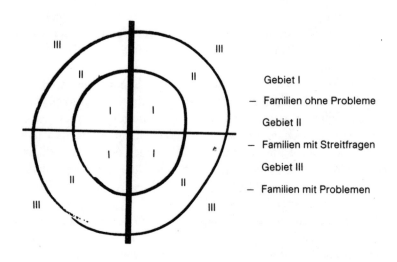

Gebiet I
— Familien ohne Probleme

Gebiet II
— Familien mit Streitfragen

Gebiet III
— Familien mit Problemen

In einigen Familien sind die Eltern zu wenig verantwortungsbewußt. Regelungen werden selten durchgesetzt und ändern sich ständig. Das Milieu ist chaotisch, das Zusammenleben weder flexibel noch streng gegliedert. In einem solchen Fall tragen Eltern keine persönliche Verantwortung, setzen keine Grenzen und verlassen sich auf äußere Regelmechanismen durch Kirche, Schule oder gesellschaftliche Einrichtungen, die das Verhalten eingrenzen sollen. Verschärft wird das Chaos noch dadurch, daß Versprechen und Verpflichtungen nicht eingehalten werden. Die Familienmitglieder können sich nicht darauf verlassen, daß die anderen tun, was sie zugesagt haben. Da die Familie der Ort ist, an dem die meisten unserer Abhängigkeitsbedürfnisse konsequent befriedigt werden, bedeutet Chaos für die Familienmitglieder eine ernste Beeinträchtigung.

Ein Wesensmerkmal des chaotischen Familienumfeldes ist die chaotische Ehe. In dieser hat sich das Ehepaar nie verbindlich geeinigt. Es wird endlos debattiert, aber nichts gelöst oder aufrechterhalten. Grundsätzlich versäumt einer oder versäumen beide Partner, einen Standpunkt zu beziehen und dabei zu bleiben. Wenn keiner der Erwachsenen Farbe bekennt, hat die Familie keinen Führer. Über die Regeln ist man sich in dieser Familie selten ganz einig, und wenn sie durchgesetzt werden, geschieht das willkürlich.

Wenn die Eltern den Ton angeben, ist es schwer, in einem chaotischen Milieu die Verantwortung festzulegen. Es bleiben so viele Dinge unerledigt, daß ein Familienmitglied, sobald es verantwortlich gemacht wird, ohne weiteres genügend offene Fragen stellen kann, so daß die Angelegenheit, um die es ursprünglich ging, wieder vernebelt wird. Selbst einfache Aufgaben wie die täglichen Arbeiten im Haushalt unterliegen drastischen Veränderungen, wenn es etwa darum geht, wer sie erledigen soll und wie.

Eines der Merkmale zu geringer Verantwortung in einer chaotischen Familie ist, daß sie keine gemeinsamen Pläne für die Zukunft macht. Man treibt von einer Krise zur anderen und hat ständig das Gefühl, nicht gerüstet zu sein. Normalerweise freut sich der einzelne, wenn er Erfolg gehabt hat, oder empfinden Familien ein Gefühl des Stolzes, wenn man gemeinsam etwas erreicht hat. Die chaotische Familie dagegen empfindet statt Stolz häufig Unbehagen angesichts ihrer Unfähigkeit, sich zu organisieren und etwas zu Ende zu bringen.

Die Unfähigkeit, als Familie zu planen, geht zum Teil darauf zurück, daß es der Familie an Wertvorstellungen fehlt. Sie braucht einen einheitlichen Bestand an Werten, wenn sie Prioritäten setzen und die eigenen Bemühungen aufrechterhalten will. Eine chaotische Familie hat keine gemeinsamen Wertvorstellungen. Die Eltern verlassen sich auf äußere Normen, etwa die des Staates, der Schule oder der Kirche, anstatt die Verantwortung für bestimmte Normen selbst zu übernehmen.

Jede Familie hat ihre chaotischen Perioden. Das Leben belastende Ereignisse wie ein Umzug, Naturkatastrophen und ein Arbeitsplatzwechsel können das Unvorhergesehene heraufbeschwören. Vielleicht macht eine Familie auch nur eine Zeit durch, in der sie alles eine Weile laufen läßt. Für die Familie aber, die ständig unter chaotischen Bedingungen lebt, können die Folgen schwerwiegend sein.

Forschungsergebnisse belegen, daß beispielsweise die chaotischen Zustände, die häufig in Fällen von Trunksucht herrschen, die Kinder sehr stark beeinflussen. Es gelten bestimmte Regeln, bis die Eltern anfangen sich zu streiten, was mit einer sehr scharfen Auslegung der Regeln für die Kinder enden kann. Wenn sich dann der Streit zu einem Trinkgelage entwickelt, verändern sich die Regeln für die Kinder erneut, wobei die wichtigste diesmal das Überleben ist. Kommt dann schließlich der Kater, schämen sich die Eltern und sind außergewöhnlich sanftmütig, womit sie noch eine dritte Gruppe Regeln schaffen.

Die Folge ist, daß Kinder in chaotischen Trinkerfamilien nicht damit rechnen können, daß das Familiengefüge unverändert bleibt, und das in einer Zeit, in der sie Beständigkeit brauchen. So beginnen sie vielleicht mit einer lebenslangen Suche nach etwas, auf das sie sich verlassen können — das ist oft der Alkohol oder Rauschgift. Kinder, die mit süchtigen Eltern zusammenleben, werden mit dreimal höherer als der normalen Wahrscheinlichkeit selbst abhängig. So wiederholt sich der Teufelskreis.

Das Leben in einer zerrütteten Umgebung hat sehr verschiedenartige Folgen, doch gibt es ein allen gemeinsames Element. Die Familienmitglieder enden als Menschen ohne ruhenden Kern und suchen nach einem Gefüge, einer Ordnung oder einer Droge, die ihnen ein Identitätsgefühl verschafft. Oft mangelt es ihnen an Verantwortung, wie schon den Eltern, ein Mangel, der sich auf ein Mißtrauen gegenüber dem eigenen Streben nach Selbstbestimmung gründet. Häufig wird dieses Mißtrauen noch verstärkt durch mehrmalige Enttäuschungen.

Grenzen bei zu hoher Verantwortung — erstarrte Umgebung

Das andere Extrem einer Familienumgebung, die erstarrte Familie, leidet an einem Zuviel an Verantwortung seitens der Eltern. In einer solchen Familie ist man der Meinung, daß niemand ohne ein hohes Maß an Überwachung und Ordnung verantwortlich handelt. In der chaotischen Familie mißtrauen sich die Mitglieder selbst. In der völlig unbeweglichen Familie gilt das Mißtrauen den anderen. Die Folge in der so festgefahrenen Familie sind aufwendige Bemühungen, um sicherzustellen, daß sich alle Mitglieder angemessen benehmen. Der elterliche Maßstab kennt kein Entgegenkommen. Außerdem gibt es zahlreiche Regeln, die das Bestreben der Eltern widerspiegeln, die Ergebnisse zu steuern. Die Eltern bestehen darauf, daß die Regeln bis zum letzten Komma durchgesetzt werden, denn sie glauben, daß dies den Charakter und die Verantwortung stärkt. Sie sind außerdem der Meinung, daß man Kindern nicht zutrauen kann, ohne ein dichtes Gefüge aus Anordnungen verantwortlich zu handeln.

Eltern in so festgefahrenen Familien überschätzen ihre Fähigkeit, alles, was ihre Kinder beeinflußt, kontrollieren zu können. Weil sie nicht die wesentlichen Gebiete aussondern und sich auf sie konzentrieren, verzetteln sich ihre Energien in Auseinandersetzungen mit den Kindern über völlig unwichtige Fragen. Widerstand wird als Respektlosigkeit aufgefaßt, die noch mehr Druck erfordert. Die unnachgiebige Starrheit schafft Reibereien, die zunehmen, je älter die Kinder werden.

Im Ehevertrag der unbeweglichen Familie fehlt häufig eine Verhandlungsklausel. So kommt es, daß die Informationen zwischen den Eheleuten nur spärlich fließen und erheblicher Widerstand besteht, etwas auf neue Art zu erledigen. Die Entscheidungen beruhen auf starren Klischees mit nur sehr geringem Spielraum für andere Auslegungen. Echte Meinungsunterschiede, über die man gewinnbringend reden könnte, werden geopfert, damit die Familiensolidarität gefördert und ein Konflikt vermieden werden kann. Das Ehepaar ist Wahlmöglichkeiten gegenüber unzugänglich, und die Beziehung wird brüchig.

Die Führung in einer erstarrten Familie verschafft zwar sehr viel Einfluß, beschränkt aber ernsthaft wichtige Erkenntnisse und Anregungen, aufgrund derer man Entscheidungen fällen könnte. Zusammen mit den sehr wenigen Möglichkeiten zur Aussprache behindert ein starrer Führungsstil die Fähigkeit der anderen Familienmitglieder, Entschlüsse zu fassen.

Was die Organisation betrifft, kommt die Familie den gemeinschaftlichen Zielen entgegen, jedoch zu einem hohen Preis. Es besteht auf jeden Fall das Risiko, die Spontaneität und Freude, zusammen zu sein, einzudämmen. Schlimmstenfalls kann der »Bürokratismus« der Familie sich so erdrückend bemerkbar machen, daß eine Reaktion auf die sich wandelnden Bedürfnisse der Familienmitglieder überhaupt nicht mehr möglich ist. Eine echte Krise könnte das ganze System aus dem Gleichgewicht bringen.

In der so festgefahrenen Familie identifiziert man sich mit den Werten derart, daß man oft jedem mißtraut, der die eigenen Wertvorstellungen nicht teilt. Am abträglichsten an einer starren Wertordnung ist, daß die Realität geopfert wird, wenn die Familie sich angesichts neuer Erkenntnisse nicht anpassen kann, um an den geliebten Werten festhalten zu können.

Erstarrte Familien erleben die größte Spannung, wenn sich eine Veränderung anbahnt. Sie sind geschlossene Systeme, in denen das Neue oder Andere verdächtig ist. Aus diesem Grund ist die Adoleszenz in einer erstarrten Familie so traumatisch. Forderungen nach größerer Unabhängigkeit werden kaum zur Kenntnis genommen und nicht unterstützt. In den Augen der Eltern erfüllen die Kinder meistens nicht die an sie gestellten Anforderungen oder sind unreif. Die Kinder kommen sich eingeengt vor und haben das Gefühl, daß man ihnen mißtraut. Sie können dem elterlichen Druck zwar nachgeben und sich den Normen der Familie beugen, doch laufen sie bei dieser Reaktion Gefahr, daß sie versäumen, die eigene Identität aufzubauen. Sie können auch entgegengesetzt reagieren, der Unbeugsamkeit der Familie trotzen und Extreme suchen. In gemäßigter Form kann sich das in der Kleidung, der Musik und dem Umgang äußern. In schwereren Fällen kann es bedeuten, daß die oder der Betreffende eine Karriere einschlägt oder sich einer Bewegung, einer Sache oder einer Religion verschreibt, die den elterlichen Vorschriften strikt entgegensteht. Die völlig unbeweglichen wie auch die chaotischen Familien beeinflussen die Selbsteinschätzung der Familienmitglieder. Regeln können als persönliche Bedrohung aufgefaßt werden, weil Unterwerfung den Verlust der eigenen Identität bedeuten kann. Daraus kann Mißtrauen gegenüber anderen erwachsen, so daß sie zum Beispiel als Erwachsene Schwierigkeiten haben, in einem System zu arbeiten, das persönliche Verantwortlichkeit verlangt. Wie für die Mitglieder der chaotischen Familien ist letztlich auch für die der erstarrten Familien entscheidend festzustellen, »Wer bin ich?«

Verantwortungsvolle elterliche Disziplin und Führung

Alle Familienmitglieder haben einen Einfluß auf die Anpassungsfähigkeit der Familie. Eltern haben jedoch einen ganz besonderen Einfluß, weil sie durch das Führen und Erziehen den Umgangston und die Richtlinien für die Familie bestimmen. Der Umgangston und die Richtlinien, die sie festlegen, wirken sich ihrerseits auf verschiedenste Art auf die Entwicklung ihrer Kinder aus. Ein wichtiger Aspekt der Selbsteinschätzung des Kindes, der durch das Verhalten der Eltern beeinflußt wird, ist die Selbstdisziplin des Kindes und die Übernahme von Verantwortung.

Ein besonderes Anliegen der meisten Eltern ist es, ihren Kindern Selbstdisziplin beizubringen. Mit Selbstdisziplin sehr stark verbunden ist eine positive Selbsteinschätzung, denn um mit sich selbst zufrieden zu sein, muß man Erfolge erlebt haben. Kinder messen Erfolg zunächst an den Grenzen, die ihnen die Eltern gesetzt haben. Zahlreiche wissenschaftliche Untersuchungen belegen, daß Kinder aus chaotischen (Erziehung mit zuwenig Verantwortung) und erstarrten Familien (Erziehung mit zuviel Verantwortung) sowohl ein niedriges Selbstwertgefühl als auch Schwierigkeiten haben, sich selbst Beschränkungen aufzuerlegen. In Familien, die dazwischen angesiedelt sind, werden ein hohes Selbstwertgefühl und persönliche Verantwortung dagegen begünstigt. Betrachten wir einmal, wie elterliche Erziehung und Führung die Selbstdisziplin des Kindes beeinflussen.

Selbstdisziplin zu lehren geschieht oft in einer Situation, in der die Eltern aufgefordert sind, Grenzen für ihre Kinder abzustecken. Stellen wir uns vor, ein zwölfjähriges Mädchen fragt, ob sie abends länger auf einem Schulfest bleiben darf, weil auch andere Kinder es dürfen. Es könnten etwa folgende Antworten kommen:

1. »Du mußt zu Hause bleiben, weil die Polizei dich sonst aufliest, denn das ist bereits nach der Polizeistunde.« (Zuwenig Verantwortung — chaotisch.)

2. »Es ist egal, was andere Eltern ihren Kindern erlauben. Ich möchte, daß du heute abend zu Hause bleibst.« (Verantwortungsbewußt — flexibel oder hierarchisch.)

3. »Ich möchte, daß du jeden Abend um neun Uhr zu Hause bist, gleichgültig unter welchen Umständen.« (Zuviel Verantwortung — starr.)

Der Schlüssel zum verantwortungsbewußten Aufstellen von Beschränkungen liegt darin, daß die Eltern die persönliche Verantwortung für die Grenze übernehmen, die gesetzt wird. Im ersten Beispiel machen sich die Eltern offenbar nur darum Sorge, daß das Kind eventuell aufgelesen wird. Dieses Vorgehen überläßt die Verantwortung für die Durchsetzung einer dritten Person oder Einrichtung, zu der das Kind keine Beziehung hat. Daher beruht die Entscheidung, daß sie das tut, was von ihr erwartet wird, bestenfalls auf der Annahme, daß sie eventuell geschnappt wird.

Bei der dritten Antwort nimmt die Mutter oder der Vater eine extreme Haltung ein, und das Mädchen weiß das. Eine solche Haltung fordert zu Trotz und Machtkämpfen heraus. Das Mädchen kann den betreffenden Elternteil als unvernünftig abschreiben, aber dann kann sie sich wieder ausrechnen, ob sie eventuell geschnappt wird oder nicht. Das grundlegende Problem ist, daß der Elternteil durch das Ausschließen jeglicher Verhandlung oder Diskussion für das Mädchen übertrieben verantwortlich wird. Das Mädchen läuft nicht nur Gefahr, die eigene Identität zu verlieren, sie erhält auch nicht die Gelegenheit, Verantwortung für ihr Verhalten zu übernehmen. Ihr wird bedeutet, daß sie nicht vertrauenswürdig ist.

Weder die über- noch untertrieben verantwortungsbewußte Reaktion der Eltern trägt zur Entwicklung von Selbstdisziplin bei. Das verantwortungsbewußte Aufrichten von Grenzen durch die Eltern aber hilft dem Kind, Selbstdisziplin zu lernen. Im zweiten Beispiel muß sich das Mädchen damit abfinden, jemanden zu enttäuschen, den sie mag, indem sie sich entschließt, sich nicht zu fügen. Darüber hinaus ist derjenige, der die Beschränkung auferlegt, keine abstrakte Person oder eine Einrichtung, sondern jemand, der persönlich bekannt ist. Da das Mädchen der Verantwortung nicht entfliehen oder sie abtreten kann, muß sie sich arrangieren.

Disziplin, die auf einer Beziehung aufbaut, ist für die Entwicklung persönlicher Integrität wichtig. Sowohl chaotische als auch starre Familienstrukturen können Personen mit einem geringen Selbstwertgefühl hervorbringen, die ihre Entscheidungen danach treffen, ob jemand sie entdeckt oder nicht. Falls ihnen jemand auf die Schliche kommt, schämen sie sich, weil sie ertappt worden sind. An ihrem Verhalten ändert das jedoch nichts, denn in gleicher Lage würden sie wieder so handeln, falls die Chance, entdeckt zu werden, klein ist. Der Grund dafür ist, daß sich in einer extremen Familienumwelt keine Beziehung in einem Umfeld entwickelt, wo Grenzen bestehen, und daß das Kind niemals die persönliche Verantwortung verinnerlicht, die für eine echte Unabhängigkeit erforderlich ist.

Ein starkes Identitätsgefühl entwickelt sich, wenn Anforderungen erfolgreich erfüllt werden und gleichzeitig eine enge persönliche Beziehung existiert. Ein Vorzug der auf Beziehungen aufbauenden Disziplin besteht darin, daß die Kinder lernen, daß wenn sie etwas falsch machen, sie etwas tun können, um die Scharte wieder auszuwetzen. Sie können ausbessern, denn hinter allem steht jemand, den sie kennen, nicht eine anonyme Einrichtung. Sie werden nicht von Einsamkeit und Verzweiflung befallen.

Der Widerspruch, wenn man Verantwortung und Selbstdisziplin lehrt, ist, daß man nicht in erster Linie darauf bedacht ist, die Kinder verantwortlicher zu *machen*. Die Eltern übernehmen vielmehr, wie im zweiten Beispiel, die Verantwortung für das, was erwünscht ist, und lassen sich nicht durch andere beeinflussen. Die Eltern müssen die Verantwortung für die Grenzen, die sie setzen, übernehmen und können erst dann erwarten, daß auch ihre Kinder eigene Verantwortung übernehmen.

Eine andere Seite elterlicher Fürsorge mit starken Auswirkungen auf die Entwicklung der Selbstdisziplin ist die Hilfe der Eltern. Betrachten wir drei Möglichkeiten, wie Eltern auf die Bitte ihres Kindes um Hilfe reagieren könnten. Bernd geht in die fünfte Klasse und hat Schwierigkeiten mit der Mathematik. Wenn er um Hilfe bittet, weil er mit einer Rechenaufgabe nicht zurechtkommt, könnte die Antwort etwa wie folgt lauten:

1. »Ich bin im Moment furchtbar im Druck, Bernd, aber wenn du morgen abend kommst, kann ich dir vielleicht helfen.« (Zuwenig Verantwortung — chaotisch.)

2. »Aber ja, ich helfe dir gern. Erzähl mir, womit du Schwierigkeiten hast. Vielleicht kann ich dir helfen herauszufinden, wie du das Problem löst.« (Verantwortungsbewußt — hierarchisch oder flexibel.)

3. »Gib dir mal etwas Mühe, dann schaffst du's schon. Diesmal mach ich es noch, und du siehst zu, damit du es verstehst.« (Zuviel Verantwortung — starr.)

Bei der ersten Antwort hat der betreffende Elternteil offensichtlich kein Gespür für die Nöte des Kindes. Das ist typisch für eine chaotische Familienumgebung. Kinder aus chaotischen Familien haben folglich keine Veranlassung, auf die Verläßlichkeit ihrer Eltern zu vertrauen und sind überzeugt, daß sie sich selbst helfen müssen. Die wilde Entschlossenheit, »sich selbst zu helfen«, kann zu übertriebener Unabhängigkeit oder einem extremen Gefühl des Versagens führen. Wenn diese Kinder erwachsen werden, setzen sie das Erbe der Familie fort und sagen entweder »Mir ist auch nichts geschenkt worden, laß sie mal lernen« (unabhängig), oder »Damit werde ich nicht fertig« (Versagen). So wiederholt sich auch hier der Teufelskreis.

Das dritte Beispiel ist typisch für die Reaktion von Eltern in einer völlig unbeweglichen Familie. Hilfe wird meistens nur hochmütig gewährt, manchmal mit der Neigung, den Betreffenden lächerlich zu machen. Die Folge ist, daß in erstarrten Familien sehr oft Kinder herangezogen werden, die nur widerwillig um Hilfe bitten, weil der Preis dafür zu hoch ist. Wenn die Erwartungen derart hoch und unflexibel sind, wird das Bitten um Hilfe als Schwäche aufgefaßt. Hilfe wird immer verbunden mit Bewertungen, Vergleichen und Kritik. Die

Eltern nutzen die Blöße des Hilfesuchenden aus, um ihn noch mehr zu formen und zu beeinflussen. Noch schlimmer ist für die Eltern, das Problem oder die Arbeit selbst anzupacken, um zu demonstrieren, wie es »richtig« gemacht werden sollte. Das Ergebnis ist hochgradige Verlegenheit oder Scham. Dem Kind wird außerdem die Gelegenheit genommen, durch Handeln zu lernen und dadurch verantwortlich für sich selbst zu werden.

Die zweite Antwort deutet zwar die Hilfsbereitschaft der Eltern aber auch deren Erkenntnis an, daß der Hilfe Grenzen gesetzt sind. Diese Antwort ist typisch für Eltern in gemäßigt hierarchischen oder flexiblen Familien. In diesen Familien haben die Kinder keine Hemmungen, um Hilfe zu bitten, denn sie müssen nicht befürchten, verurteilt oder kritisiert zu werden. Sie vertrauen darauf, daß die Eltern antworten und auch tun, was sie versprechen, wissen aber, daß die Eltern die Aufgabe nicht selbst übernehmen. Daß die Eltern auf das Hilfeersuchen eingehen, ohne die Verantwortung für die Angelegenheit selbst zu übernehmen, fördert die Selbstdisziplin und das Verantwortungsgefühl der Kinder.

Wieder sehen wir das Paradoxe, wenn man einem Kind Selbstdisziplin beibringen will. Die Bemühungen der Eltern sind nicht in erster Linie darauf gerichtet, das Kind verantwortungsbewußt zu machen. Die Eltern übernehmen vielmehr die Verantwortung zu helfen, nicht aber die Aufgabe des Kindes. Die Eltern müssen selbst Verantwortung übernehmen, ihrem Kind jedoch auch die Möglichkeit bieten, für sich selbst verantwortlich zu werden; vorher können sie es nicht von ihm erwarten.

Empfehlungen für Eltern zur besseren Anpassungsfähigkeit in der Familie

Es ist in mehrerer Hinsicht nützlich, eine Familie als ein natürliches System zu begreifen. Das Familienumfeld erfährt Veränderungen, die ähnlich dem Wandel der Jahreszeiten in der Natur sind. Chaotische und festgefahrene, relativ flexible und relativ hierarchische Perioden kommen in jeder Familie vor. Und die meisten Familien schwanken in ihrer Anpassungsfähigkeit in den verschiedenen Lebensbereichen innerhalb ein und derselben Periode. So kann eine Familie beispielsweise unbeweglich hinsichtlich der Schlafenszeit sein, aber flexibel, wenn es um die Essenszeiten geht.

Streitfragen tauchen allerdings auf, wenn die Anpassungsfähigkeit einer Familie sich nicht den Bedürfnissen der Familienmitglieder angleicht, sei es der Erwachsenen oder der Kinder. Die größte Gefahr ist, in einem Stadium steckenzubleiben. Als Familie ständig völlig unbeweglich zu sein, wäre so, als hätte man das ganze Jahr über tiefsten Winter. Die Familie muß bestimmen, ob es wirklich strittige Punkte gibt oder vielleicht sogar ein Problem, das Familienumfeld den individuellen Bedürfnissen anzupassen. Wenn Sie als Vater oder Mutter zu dem Schluß kommen, daß es Schwierigkeiten mit einem bestimmten Aspekt der Anpassungsfähigkeit gibt, hier einige Anregungen.

Streitfragen bei übertrieben verantwortungsbewußter elterlicher Fürsorge:

1. Setzen Sie Prioritäten und stehen Sie fest zu dieser Auswahl.
   Eltern können nicht alles beibringen. Daher müssen sie gemeinsam festlegen, welche Werte ihnen am wichtigsten sind. Denken Sie einen Augenblick über all das nach, was man bei einem jungen Menschen kritisieren kann: Sauberkeit und äußere Erscheinung, Freunde, Unterhaltung, Kirchenbesuch, Tischmanieren, Angewohnheiten beim Lernen und Arbeiten, Beziehungen innerhalb der Familie, Kleidung, Fernsehen und Wahl der Vergnügungen, Freizeit und vieles mehr. Sie können sich nicht um alles kümmern. Es zu versuchen, wäre Selbsttäuschung und der Beziehung abträglich. Welche Anforderungen sind für Sie die allerwichtigsten? Setzen Sie sie durch.

2. Respektieren Sie sich untereinander in Ihren persönlichen Eigenarten.
   Haben Sie ein Auge dafür, wie verschieden die einzelnen Familienmitglieder sind. Teil einer Familie zu sein, versperrt manchmal den Blick auf diese Unterschiede, wenn es um Regeln und Übereinkünfte geht. Denken Sie an das biblische Bild vom Amt des Verwalters, der zwar die volle Verantwortung übernimmt, aber nur für einige Zeit. Das Familienumfeld ist ein Platz, auf dem sich die Erwachsenen und die Kinder entfalten sollen, und das »Wir« verändert sich ebenfalls mit der Zeit.

3. Ermöglichen Sie dem Kind, die Folgen seines Verhaltens selbst zu tragen.

Einige Eltern nehmen die Verantwortung für das, was die Kinder tun, auf sich, während die Verantwortung in Wirklichkeit den Kindern zusteht. Der Druck muß auf den Kindern bleiben. Die beste Lernmethode überhaupt ist, wenn das Kind die Fähigkeit entwickelt, aus Fehlern zu lernen.

Streitfragen bei zu geringer verantwortungsbewußter elterlicher Fürsorge:

4. Halten Sie Versprechen

Alles andere heißt, einen fundamentalen Vertrauensgrundsatz zu verletzen. Ein Kind sollte von seinen Eltern erwarten können, daß sie ihr Bestes geben oder sich zu nichts verpflichten. Es ist ein Maßstab, an dem junge Leute ablesen, ob sie eine Bedeutung haben oder nicht. Es liegt auf der Hand, daß nicht alle Zusagen eingehalten werden können, aber dann sollte man über diejenigen, bei denen das nicht möglich ist, erneut sprechen.

5. Übernehmen Sie selbst die Verantwortung für gesteckte Grenzen.

Unpopuläre Entscheidungen, die darauf beruhen, was andere tun oder sagen, stehen auf schwankendem Grund. Äußere Autoritäten wie die Kirche oder die Schule sind zu abstrakt und unpersönlich. Wenn Schranken aufgerichtet werden, glaubt ein Kind eher an sie, wenn sicher ist, daß auch die Eltern dahinterstehen.

Um eine verantwortungsbewußte elterliche Fürsorge aufrechtzuerhalten:

6. Ermöglichen Sie, daß das Kind realistische Anforderungen erfüllt.

Unrealistische Anforderungen sind die Wurzel geringer Selbstwertgefühle. Ein gutes Selbstwertgefühl hängt davon ab, ob das Kind Anforderungen erfüllt und mit der Leistung zufrieden ist.

7. Loben Sie das Kind, wenn es eine Anforderung erfüllt.

Sich nur über Fehler oder Mißerfolge auszulassen, bedeutet, negative Verhaltensweisen zu verstärken. Die Anerkennung eines Erfolges geht oft unter, weil die Eltern nur sehen, daß das Kind das tut, was von ihm erwartet wird, und besondere Anerkennung auf außergewöhnliche Leistungen beschränken. Wenn nur das Besondere zur Kenntnis genommen wird, kommen Kinder häufig zu dem Schluß, daß negatives Verhalten ein besserer Weg ist, die Aufmerksamkeit der Eltern auf sich zu lenken.

8. Leben Sie in Übereinstimmung mit den Richtlinien, die für die Kinder gelten.

Die nachhaltigste Erziehung erreichen die Eltern, die selbst so leben, wie sie es von ihren Kindern verlangen. Weder Eltern noch Kinder können unrealistischen Anforderungen gerecht werden, so daß das Vermögen, vorbildlich zu leben, ein guter Gradmesser dafür sein kann, wie geeignet die elterlichen Grenzen sind.

9. Investieren Sie Zeit in wertvolle Aufgaben.

Wie die Eltern ihre Zeit verbringen, spricht eine deutlichere Sprache als alle Regeln und Vorträge. Die Werte oder Grundsätze, an die sich das zum Erwachsenen entwickelnde Kind am intensivsten erinnert, sind diejenigen, denen ein Erwachsener seinen ganz besonderen Vorzug eingeräumt hat.

Wenn Eltern diese Anregungen beachten, übernehmen sie die klar sichtbare Verantwortung für die Führung und Erziehung, die für die Anpassungsfähigkeit einer Familie von entscheidender Bedeutung sind. Dieses persönliche Engagement erhöht den Wert der Beziehungen innerhalb der Familie. Es ist ein größeres emotionales Risiko, sich selbst gegenüber wirklich verantwortlich zu sein.

Übungen

Eintragung Nummer eins im Familientagebuch　　　　　*Individuell*

Das Familientagebuch soll den Anstoß dazu geben, darüber nachzudenken, wer man als Familie ist. Es stellt einige Fragen, auf die man antworten soll, indem man entweder hier auf der Seite einige Anmerkungen macht oder in sein privates Tagebuch schreibt. Falls man auf die Eintragungen eines anderen Familienmitgliedes eingeht, sollte man daran denken, daß es kein richtig oder falsch gibt. Hier wird lediglich festgehalten, was der einzelne denkt. Nehmen Sie sich ein paar Minuten Zeit, um Ihre

Antworten niederzuschreiben.

1. Welche Regeln werden in Ihrer Familie am häufigsten erörtert?
2. Wie gut erledigt Ihre Familie Aufgaben, bei denen es gilt zusammenzuarbeiten?
3. Was geschieht in Ihrer Familie, wenn es zu einer Krise kommt?
4. Wenn jemand ein anderes Familienmitglied um Hilfe bittet, was passiert dann?
5. Werden in Ihrer Familie Versprechen gehalten?
6. Wenn jemand aus Ihrer Familie gegen eine Regel oder eine Übereinkunft verstieße und niemand erführe davon, was würde der oder die Betreffende denken und empfinden?

Schaubild Familienanpassungsfähigkeit   *Gruppe*

Dieses Schaubild soll die Diskussion unter den Familienmitgliedern anregen. Halten Sie sich vor Augen, daß jede Familie wahrscheinlich in mehr als nur eine Kategorie paßt. Beantworten Sie die Fragen durch Einkreisen der Zahlen, die nach Ihrer Meinung *für die meiste Zeit* auf Ihre Familie zutreffen. Verbinden Sie dann die eingekreisten Zahlen durch eine Linie.

Bereich der Anpassungsfähigkeit		Starr	Hierar- chisch	Flexibel	Chaotisch	
Führung	autoritär	1	2	3	4	5	6	schwach
Disziplin	streng	1	2	3	4	5	6	nachgiebig
Aussprache	begrenzt	1	2	3	4	5	6	unbegrenzt
Organisiert	überorganisiert	1	2	3	4	5	6	unorganisiert
Werte	unflexibel	1	2	3	4	5	6	veränderlich

Addieren Sie jetzt die Antworten Ihrer Bewertung der Familienanpassungsfähigkeit: _____

Wahlweise für Erwachsene: Gehen Sie die Fragen noch einmal durch und kennzeichnen Sie die Zahlen mit einem X, die am besten auf die Familie Ihrer Herkunft zutreffen. (Falls Sie Schwierigkeiten haben, versuchen Sie, sich an Ihre Familie zu erinnern, wie sie zu der Zeit war, als Sie so alt waren wie Ihre Kinder jetzt). Stellen Sie fest, ob die Antworten von denen des ersten Durchgangs abweichen. Addieren Sie jetzt die Antworten, um die Bewertung der Anpassungsfähigkeit der Familie Ihrer Herkunft zu errechnen: _____

Krisenprofil der Familie –
Anpassungsfähigkeit   *Individuell/Familie*

Wenn eine Familie einer Krise gegenübersteht, kommt es oft zu einer deutlichen Veränderung im Familienumfeld. Erinnern Sie sich, wann die Familie zum letztenmal eine Krise durchgemacht hat. Es kann der Tod einer nahestehenden Person gewesen sein, ein Unfall, Verlust der Stellung, Krankheit, Umzug, erneute Außendiensttätigkeit des Ehemannes, jeder Rollenwechsel eines Familienmitglieds u. a. m. Erstellen Sie jetzt wieder das Schaubild für die Anpassungsfähigkeit, aber verwenden Sie einen Krisenzustand als Bezugsrahmen. Vergleichen Sie die Bewertung abschließend mit dem ursprünglichen Schaubild der Anpassungsfähigkeit.

Bereich der Anpassungsfähigkeit		Starr	Hierarchisch		Flexibel	Chaotisch	
Führung	autoritär	1	2	3	4	5	6	schwach
Disziplin	streng	1	2	3	4	5	6	nachgiebig
Aussprache	begrenzt	1	2	3	4	5	6	unbegrenzt
Organisiert	überorganisiert	1	2	3	4	5	6	unorganisiert
Werte	unflexibel	1	2	3	4	5	6	veränderlich

Addieren Sie jetzt die Antworten Ihrer Bewertung der Krisenanpassungsfähigkeit der Familie: _____

Wahlweise für Erwachsene: Erstellen Sie das Schaubild der Familie Ihrer Herkunft zur Zeit einer Krise. Vergleichen Sie dann das Schaubild mit dem charakteristischen Muster der Familie Ihrer Herkunft. Wenn Sie mögen, errechnen Sie die Bewertung für die Krisenanpassungsfähigkeit der Familie Ihrer Herkunft: _____

Die folgenden Fragen beruhen auf den Anregungen über die Anpassungsfähigkeit am Ende dieses Kapitels. Antworten Sie durch Einkreisen der Zahl, die Ihrer Meinung am nächsten kommt. Es ist für jeden Elternteil eine Spalte vorgesehen. Falls in der Familie mehrere Erwachsene oder ältere Kinder sind, die irgendwelche elterliche Pflichten wahrnehmen, nehmen Sie ruhig weitere Blätter.

	Elternteil I Antwort: _____	Elternteil II Antwort: _____
1. Setzen Sie bestimmte Prioritäten und stehen fest dazu?	ja 1 2 3 4 5 nein	ja 1 2 3 4 5 nein
2. Respektieren Sie individuelle Unterschiede?	ja 1 2 3 4 5 nein	ja 1 2 3 4 5 nein
3. Ermöglichen Sie Ihren Kindern, die Folgen ihres Verhaltens selbst zu tragen?	ja 1 2 3 4 5 nein	ja 1 2 3 4 5 nein
4. Halten Sie Ihre Versprechen gegenüber den Kindern?	ja 1 2 3 4 5 nein	ja 1 2 3 4 5 nein
5. Übernehmen Sie persönlich die Verantwortung für das Setzen von Grenzen?	ja 1 2 3 4 5 nein	ja 1 2 3 4 5 nein
6. Ermöglichen Sie Ihrem Kind, realistische Anforderungen zu erfüllen?	ja 1 2 3 4 5 nein	ja 1 2 3 4 5 nein
7. Loben Sie Ihre Kinder, wenn sie eine Anforderung erfüllen?	ja 1 2 3 4 5 nein	ja 1 2 3 4 5 nein
8. Leben Sie nach den Anforderungen, die Sie an die Kinder stellen?	ja 1 2 3 4 5 nein	ja 1 2 3 4 5 nein

	Elternteil I Antwort: _____	Elternteil II Antwort: _____
9. Investieren Sie Zeit in wertvolle Beschäftigungen?	ja 1 2 3 4 5 nein	ja 1 2 3 4 5 nein

Führung in unserer Familie *Individuell/Familie*

In den meisten Familien haben verschiedene Personen zu verschiedenen Zeiten eine führende Rolle inne. Der Vater hat vielleicht das Sagen, wenn es darum geht, den Garten in Ordnung zu halten und die Ferien zu planen. Die Mutter führt die Familie wahrscheinlich bei der Organisation der Hausarbeiten, beim Kauf der Kleidung und Planen der Mahlzeiten. Die Schwester übernimmt die Führung der Familie bei den Vorbereitungen für den Geburtstag der Eltern und sorgt dafür, daß jeder ein Geschenk für Vater oder Mutter hat. Der Bruder kann es übernehmen, daß einmal in der Woche *Monopoly* oder *Mensch, ärgere dich nicht* gespielt wird. Selbst kleine Kinder können schon führen, indem sie beispielsweise darauf achten, daß zu Beginn des Essens alle ruhig sind, damit gebetet werden kann.

Überlegen Sie ein paar Minuten, wie es mit der Führung in Ihrer Familie bestellt ist und sprechen Sie miteinander darüber. Legen Sie für jedes Familienmitglied eine Liste der Betätigungen an, bei der es normalerweise eine führende Rolle spielt, wenn überhaupt. Halten Sie auch die Betätigungen fest, bei denen die Führung wechselt oder eigentlich kein wirklicher Führer vorhanden ist.

Zählen Sie mehrere Betätigungen auf und prüfen Sie, ob irgendwelche Verhaltensmuster ersichtlich werden. Sprechen Sie ein paar Minuten darüber, wie Ihnen diese Verhaltensmuster gefallen und ob Sie irgend etwas daran ändern möchten.

Eine Möglichkeit, das ganze Ausmaß eines Familienlebens zu erfassen, die Führung, Erziehung, Aussprache und Organisation, besteht darin, zu verfolgen, wie Informationen innerhalb der Familie weitergegeben werden. Wie erfahren die Familienmitglieder, welche wichtige Entscheidung ansteht oder welche interessante Neuigkeiten es gibt? Wenn Sie etwas wissen müssen, auch wenn es nur darum geht herauszufinden, wann etwas stattfindet, wen fragen Sie zuerst? Gibt es jemanden, der immer alles als letzter erfährt?

Um festzustellen, welchen Weg Informationen in Ihrer Familie nehmen, greifen Sie ein Ereignis oder eine Entscheidung der letzten Zeit heraus. Stellen Sie graphisch dar, wie die Nachricht angekündigt wurde und wer sie wem erzählt hat. Stellen Sie den Fluß der Information so dar, als würde sie bei der Weitergabe eine Spur hinterlassen. Hier ein Beispiel:

Bodo hat seiner Mutter und Johannes unabhängig voneinander etwas erzählt, was in der Schule passiert ist. Die Mutter berichtete dem Vater und Magda später gleichzeitig davon, und Johannes erzählte es Magda bei anderer Gelegenheit. Graphisch dargestellt sähe das so aus:

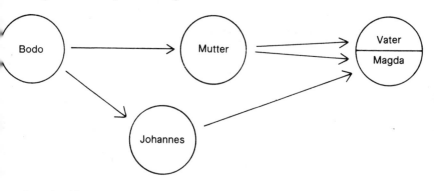

Ihre Familie:

Entscheiden Sie nun, ob dieses Ereignis typisch für das Verhalten in Ihrer Familie war. Wenn ja, wie wirkt sich

41

das auf die Anpassungsfähigkeit Ihrer Familie aus? Einige Fachleute halten Information für eine Form der Macht. Wird diese Macht in Ihrer Familie so aufgeteilt, wie Sie es gerne sähen?

Das Bitten um Hilfe in Ihrer Familie   *Individuell/Familie*

Eine der entscheidenden Methoden, die Anpassungsfähigkeit einer Familie zu erfassen, ist festzustellen, wie in der Familie Hilfe gewährt wird. Daß wir von anderen abhängig sind, ist ein ganz wesentlicher Punkt in unserem Zusammenleben. Listen Sie diejenigen Familienmitglieder auf, die immer wieder in irgendeiner Form Hilfe brauchen. Geben Sie im einzelnen die Art der Hilfe an, die sie brauchen, und die Art der Antwort, die sie im allgemeinen erhalten. Mehrere Personen sollten ihre Antworten niederschreiben. Machen Sie sich über Ihre eigenen Antworten Gedanken und bestimmen Sie, ob sich in ihnen zuviel oder zuwenig Verantwortung ausdrückt. Halten Sie sich vor Augen, daß sowohl Erwachsene als auch Kinder um Hilfe bitten.

Braucht Hilfe:	Art der Hilfe	Antwort von:	Unter-, Über- oder Eigenverantwortlich
Stefan braucht Hilfe bei einem Bericht	Korrigieren und Anregungen geben	**Mutter:** Ich fordere ihn meistens auf, rechtzeitig zu schreiben und helfe ihm, wenn er selbst schon etwas geschrieben hat.	Etwas überverantwortlich
		Vater: Ich verspreche ihm manchmal zu helfen, habe dann aber etwas zu tun und vergesse es.	Unterverantwortlich

Wie flexibel Eltern bei Regeln und Streitfragen sind, ist ein Schlüssel zur Anpassungsfähigkeit der Familie. Einige Eltern bestehen auf zu vielen Regeln, andere auf zu wenigen. Ziel dieser Übung ist es, daß Sie sich klar machen, worauf Sie in Ihrer Familie ganz besonders bestehen wollen. Sie wird Ihnen auch die Erkenntnis erleichtern, ob diese Prioritäten in Wirklichkeit bestehen.

Teil I

Zählen Sie in diesem ersten Teil sechs Regeln auf, für deren Durchsetzung Sie die meiste Kraft verwenden. Für welche strittigen Fragen mit Ihren Kindern brauchen Sie am meisten Zeit?

Regeln oder Streitfragen

1.

2.

3.

4.

5.

6.

Teil II

Denken Sie jetzt einmal darüber nach, was Sie als Vater oder Mutter Ihren Kindern beibringen? Was sollen Ihre Kinder von Ihnen lernen, damit sie ihr Leben gut leben? An welche »Lektionen«, »Überzeugungen« oder »Grundsätze« sollen sie sich aus ihrem Zusammenleben mit Ihnen erinnern? Nennen Sie sechs Ihnen wichtige Dinge, von denen Sie sich wünschen, daß Ihre Kinder sie gelernt haben.

Lernergebnisse

1.

2.

3.

4.

5.

6.

Teil III

Die Anpassungsfähigkeit einer Familie wird stark von dem beeinflußt, worauf die Eltern bestehen. Die Regeln und die Organisation einer Familie sind in vieler Hinsicht ein Plan, nach dem die Eltern lehren. Die Frage an die Eltern lautet: Lehren Sie, was Sie wollen?

Betrachten Sie noch einmal die beiden Listen, die Sie erstellt haben. Gibt es einen Unterschied zwischen dem, wofür Sie Ihre Kraft und Zeit einsetzen, und dem, was Sie für das Wichtigste halten? Tauchen Ihre wichtigsten Lernergebnisse in den sechs Regeln oder Streitfragen auf, die Ihnen besonders am Herzen liegen? Wenn nicht, entwerfen Sie eine Liste mit Möglichkeiten, das zu lehren, was Sie vernachlässigen. Nennen Sie fünf konkrete Schritte, die Sie unternehmen können, um eine andere Gewichtung Ihrer Lehrinhalte zu erreichen.

Zu unternehmende Schritte

1.

2.

3.

4.

5.

Anforderungen an Kinder und Eltern   *Familie*

Manchmal stellen Eltern an ihre Kinder Anforderungen, die höher sind als die, die sie für sich selbst gelten lassen. Ein andermal liegen die Anforderungen der Eltern weit unter dem, was sie von sich selbst verlangen. Wir sprechen hier nicht von Leistungen, wie man 1000 m in einer bestimmten Zeit zu laufen hat oder in der Schule einen Mindestnotendurchschnitt erzielen muß. Hier sind vielmehr Anforderungen des täglichen Lebens gemeint wie man Ordnung in seinem Zimmer hält, pünktlich ist, auf sein Äußeres achtet usw.

Führen Sie in der Tabelle unten in der linken Spalte einige Bereiche des täglichen Lebens an — etwa persönliche

Sauberkeit, Aufgaben im Haus, Pünktlichkeit. Schreiben Sie dann die in Ihrer Familie für Eltern und Kinder geltenden Anforderungen daneben und vergleichen Sie.

	Anforderungen	
Bereich des täglichen Lebens	Eltern	Kinder

Planen von Aktivitäten in der Familie   *Kinder/Familie*

Diese Übung ist nur für Kinder gedacht. Plane etwas, das die gesamte Familie unternehmen kann. Versuche, dir etwas auszudenken, was ihr bisher noch nie gemacht habt. Das Beantworten der unten aufgeführten Fragen wird dir helfen, deinen Plan zu verwirklichen.

1. Für welche Aktivität hast du dich entschieden?

2. Welche Besonderheiten sind damit verbunden — wo, wann, Dauer, Kosten?

3. Welche Vorbereitungen sind erforderlich — Einholen von Informationen, Dinge, die gekauft oder zusammengestellt werden müssen, Vorbestellungen oder anderweitige Vereinbarungen?

Wenn du diese Fragen beantwortest, hast du einen Plan entwickelt, das durchzuführen, was du dir vorgenommen hast. Achte darauf, deine Antworten niederzuschreiben. Manchmal empfiehlt es sich auch, zwei oder drei Alternativen anzugeben, beispielsweise mehrere Daten für das Unternehmen oder vielleicht verschiedene Vorbereitungsmaßnahmen.

Wenn du deinen Plan fertig hast, besprich ihn mit deinen Eltern. Versuche zu erreichen, daß sich alle Familienmitglieder fest verpflichten, an dem Familienunternehmen teilzunehmen. Das kann bedeuten, daß du einige Kompromisse machen mußt. Versuche, bevor ihr eure Aussprache beendet, Einigkeit über Datum und Zeit für das Unternehmen zu erzielen, das du dir ausgedacht hast.

Kapitel 2 — Anteil nehmen

Bezieht sich die Anpassungsfähigkeit auf die Struktur der Familie, so beschreibt dieses Kapitel die Bande, die die Struktur zusammenhalten. Im liebevollen Austausch liegen die Gründe, warum Menschen sich verbinden, um eine Familie zu gründen und zusammenzubleiben. Ziel und Identität ergeben sich aus ihrer gemeinsamen Verpflichtung, und bei denen, die diese Verpflichtung in irgendeiner Form verfehlen, entsteht eine gewaltige Leere.

Ich erinnere mich an einen Mann, der als Kind adoptiert worden war. Irgendwann beschloß er, seine leibliche Mutter zu suchen. Er verbrachte zahllose Wochenenden und Urlaubstage, durchforschte städtische Archive und verfolgte Hinweise. Schließlich fand er sie, und all seine Geduld und Anstrengung wurde belohnt. Ich war beeindruckt vom Eifer und der Hingabe, die er besaß, denn er hatte nie zuvor Kontakt zu seiner Mutter gehabt. Selbst als er erwachsen war, hatte er noch den ausgeprägten Wunsch, eine Bindung herzustellen.

Der Wunsch, eine Beziehung zu den Eltern zu haben und zu erleben, ist uns allen gemeinsam. Die Beziehung zwischen Eltern und Kind ist die erste im Leben des Kindes und setzt insofern Maßstäbe für alle späteren Bindungen. Für den Vater oder die Mutter ist es eine der innigsten Beziehungen ihres Lebens, denn niemand kennt das eigene Kind so gut, wie wir selbst, und niemand weiß, wieviel wir für diese Beziehung haben geben müssen.

Die Beziehung Eltern – Kind ist sehr stark. Sie übt selbst dann ihre Macht aus, wenn man seine Eltern gar nicht gekannt hat, wie im oben geschilderten Fall des adoptierten Mannes. Was aber nicht so ohne weiteres erkennbar ist, ist die Tatsache, daß die Eltern-Kind-Beziehung Einfluß weit über alle anderen Beziehungen hinaus hat, die das Kind entwickelt. Sie ist von grundlegender Bedeutung auch dafür, wie jemand Entscheidungen fällt, Aufgaben bewältigt und aus Erfahrungen lernt.

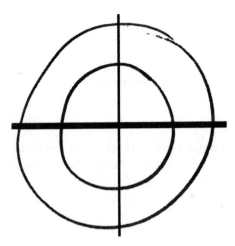

Familienbindung

Die Familienbindung besteht in ihrer Gesamtheit aus Fürsorge, Nähe und Sinn. Sie ist unmittelbar das Zentrum der Familienbeziehungen. Wie die Anpassungsfähigkeit verändern sich auch die Ebene und Intensität der Familienbindung mit den Bedürfnissen der Familienmitglieder. Einmal sind die Familienmitglieder aufs engste miteinander verbunden, ein andermal eher vereinzelt. Wenn die Kinder noch klein sind, fühlt sich die Familie meistens stark verbunden. Verantwortungsbewußte Eltern, die ihre Kinder unterstützen, werden erkennen, daß Kinder mit zunehmender Reife immer weniger am Familienleben beteiligt sein wollen. Je mehr sich das Kind an Gleichaltrige anschließt, desto mehr müssen die Eltern hinnehmen, daß ihr eigener Einfluß schwindet. Die Familie wollen wir stärker vereinzelt nennen.

Ob vereinzelt oder verbunden, es gibt fünf Bereiche, die charakteristisch für eine gesunde Familienbindung sind. Das sind Nähe, Unterstützung, Entscheidungsfindung, Gemeinsamkeit und Einheit. Jeder Bereich entscheidet mit darüber, wie verbunden oder vereinzelt eine Familie ist.

Nähe

Nähe ist ein Gefühl der Wärme und Fürsorge zwischen den Familienmitgliedern. In den stärker verbundenen Familien existiert ein hohes Maß an Vertrautheit. Die emotionale Energie richtet sich überwiegend auf die Familie; von außen mit einbezogen werden nur einige Freunde der Familie. Sehr tiefe Empfindungen zwischen Eltern und Kindern sind am beständigsten, wenn die Kinder noch klein sind.

In den stärker vereinzelten Familien verteilt sich die emotionale Energie auf die Familie und Freunde von außen. Aber trotz der Beziehungen zu Außenstehenden, wie jugendlichen Peer-groups, bleibt ohne Frage ein Sinn für die Vertrautheit der Familie bestehen.

Unterstützung

Unterstützung ist die Bestätigung anderer Familienmitglieder, vor allem der Kinder. Wenn sich jemand schutzlos oder abhängig fühlt, ist Unterstützung für ihn von besonderer Bedeutung. Folglich gewähren Eltern in einer stärker verbundenen Familie, wo sich die Unterstützung im wesentlichen auf die Familie beschränkt, emotionale Unterstützung, fördern aber gleichzeitig Selbständigkeit und verantwortungsbewußtes Verhalten ihrer Kinder.

Stärker vereinzelte Familien begrüßen Unterstützung sowohl von außen wie auch innerhalb der Familie. Wenn die Kinder heranwachsen, wird ihnen zugestanden, eine abweichende Meinung zu haben oder anders zu sein, und doch haben sie nach wie vor die Unterstützung ihrer Eltern. Es wird zwar noch immer Wert auf ein verantwortungsbewußtes Verhalten gelegt, doch lassen die Familienmitglieder mehrere Quellen der Unterstützung für sich gelten.

Entscheidungsfindung

Die Art Entscheidungen zu treffen spiegelt wider, wie engagiert die Familienmitglieder untereinander sind. Eine stärker verbundene Familie fällt die meisten Entscheidungen unter Berücksichtigung der Familie. Entscheidungen eines einzelnen erfolgen in der Regel nach Rücksprache mit anderen Familienmitgliedern. Ein gutes Beispiel sind Entscheidungen in finanziellen Angelegenheiten. In verbundenen Familien sind die meisten Giro- und Sparkonten Gemeinschaftskonten; Einzelkonten gibt es nur wenige.

Die stärker vereinzelte Familie legt im Gegensatz dazu Wert darauf, daß der einzelne seine Entscheidungen für sich trifft, wenn es auch in Dingen, die die ganze Familie betreffen, gemeinschaftliche Entscheidungen gibt. Im finanziellen Bereich benutzt die vereinzelte Familie überwiegend Einzelkonten, weniger das Gemeinschaftskonto. Eine gute Metapher für die Selbständigkeit eines Heranwachsenden ist, wenn er ernsthaft beginnt, das eigene Bankkonto zu gebrauchen.

Gemeinsamkeit

Zeit, Örtlichkeit, Interessen, Aktivitäten und Freunde gehören zu den Dingen, die eine Familie gemeinsam hat. In einer in sich stark verbundenden Familie haben die meisten Familienmitglieder Anteil an ihnen. Selbst an Einzelinteressen, wie dem Fußballclub des Sohnes oder dem Automobilclub des Vaters, ist die Familie unter Umständen sehr interessiert. Die stärker vereinzelte Familie besitzt weniger Gemeinsamkeiten, hält aber dennoch an »Familienzeit« und -erholung fest.

Gemeinsamkeiten gibt es in Familien unterschiedlich entsprechend der Aktivitäten, an denen alle teilhaben. Es ist möglich, daß die Familienmitglieder nicht sehr viele gemeinsame Freunde haben, es ihnen aber sehr wichtig ist, die Zeit gemeinsam zu verbringen. Wenn Sie über Ihre Familie nachdenken, versuchen Sie, sich Klarheit darüber zu verschaffen, was Sie alle gemeinsam machen.

Einheit

Die Einheit der Familie entstammt einem tiefen Stolz, Mitglied der Familie zu sein. In den stärker verbundenen Familien ist die Bedeutung, die der Familienmitgliedschaft anhaftet, sehr hoch. Der Beweis dafür, wie wichtig Tradition, Erbe und Überzeugungen sind, findet sich in den intensiven Bemühungen, die Familienstruktur zu bewahren. Stolz ist man auch auf den Familiennamen.

Stärker vereinzelte Familien haben einen weniger ausgeprägten Sinn für die Einheit. Man mag es zwar als bedeutsam empfinden, Teil der Familie zu sein, doch spielen Tradition, Überzeugungen und Erbe keine so große Rolle. Auch die Bemühungen, Familienbräuche aufrechtzuerhalten, sind nicht so häufig. Vereinzelte Familien können sogar neue Traditionen ins Leben rufen. In einer Zivilisation, die so vielfältig und beweglich ist, wie die unsere, ist das nichts Ungewöhnliches.

Verbunden oder vereinzelt sein

Alle fünf Bereiche haben gemeinsame Schwerpunkte. Die Mitglieder einer stärker verbundenen Familie sind am Leben des jeweils anderen in größerem Maß beteiligt. Stärker vereinzelte Familien fühlen sich zwar innerlich nach wie vor grundsätzlich füreinander verpflichtet, nehmen sich aber die Freiheit, einige ihrer emotionalen Bedürfnisse außerhalb der Familie zu befriedigen. Diese Eigenschaften gelten für alle menschlichen Organisationsformen. Verbundenheit und Vereinzeltsein, beides hat seine Vorzüge, was davon abhängt, wie die Familie sich zusammensetzt und welche Bedürfnisse ihre Mitglieder haben.

Es gibt mehrere Faktoren, die die Familienbindung beeinflussen. Das Alter der Kinder ist einer der wichtigsten. Familien mit kleinen Kindern sind im allgemeinen in sich verbundener, da die Eltern für den überbwiegenden Teil der emotionalen Unterstützung sorgen. Familien mit älteren Kindern sind meistens stärker vereinzelt, da die Kinder sich allmählich die Grundlagen für ihre Unterstützung außerhalb der Familie aufbauen.

Auch die Bedürfnisse der Eltern sind von Bedeutung. Wenn die meisten Erwachsenen auch zahlreiche Freunde und Interessen außerhalb der Familie haben, bleibt die eigentliche Quelle ihrer emotionalen Unterstützung und Stärke doch die Familie selbst. Wenn ein Erwachsener beispielsweise Schwierigkeiten hat, sucht er normalerweise Rückhalt bei jemandem aus der Familie, vor allem beim Ehepartner oder den älteren Kindern. Manchmal können auch sehr kleine Kinder diesen Rückhalt bieten, wenn sie nämlich den Eltern ihre Zuneigung zeigen oder zu erkennen geben, daß sie den Betreffenden brauchen. So brauchen Eltern zuweilen eine stärker verbundene Umgebung als ihre Kinder.

Zu anderer Zeit kommt dann ein stärker vereinzeltes Umfeld den Bedürfnissen der Eltern eher entgegen. Vielleicht braucht zum Beispiel die Mutter, die eine Arbeit außer Hause annehmen will, etwas Abstand zur Familie, solange sie ihre Gedanken sortiert. Ein Vater braucht vielleicht etwas Abstand, wenn das Geschäft sehr gut geht, ihn aber zugleich zeitlich und kräftemäßig sehr in Anspruch nimmt.

Auch andere Faktoren sind für die Bindungsebene einer Familie wichtig. Die Mannigfaltigkeit des Erbes einer Familie ist von Bedeutung, ebenso das Ausmaß, in welchem sich die Familie mit Verwandten einer oder beider Seiten einläßt. Wertvorstellungen der Subkultur wirken sich ebenfalls stark aus, und auch die wirtschaftliche Situation, in der eine Familie lebt, spielt eine Rolle.

Denken wir an eine Familie, die zusammen arbeitet, wie eine Bauern- oder eine Geschäftsfamilie. Sie hat eine Fülle gemeinsamer Erfahrungen und ein reiches Miteinander. Ergeben sich aber strittige Fragen bei der Arbeit, werden sie auch zu Problemen für die Familie – eine Tatsache, die sehr belasten kann. Keine gemeinsamen Erfahrungen mit jemandem geteilt zu haben, bedeutet, die Grundlage der Vertrautheit verloren zu haben. Doch auch ein Zuviel an Gemeinsamkeit kann Probleme aufwerfen.

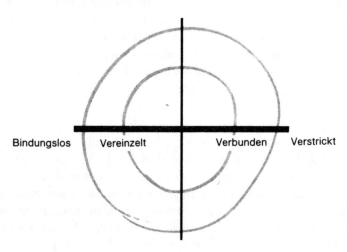

Bindungslos   Vereinzelt   Verbunden   Verstrickt

Zu sehr verbunden oder zu sehr vereinzelt

Suchen Sie sich einen Partner. Legen Sie Ihre Handflächen gegeneinander und verschlingen Sie die Finger, so daß Sie sich gegenseitig gut festhalten können. Jetzt versuchen Sie, sich zu bewegen. Drücken Sie stärker, damit Sie Ihr Gegenüber dirigieren können. Versuchen Sie wieder, sich zu bewegen. Versuchen Sie nachzugeben. Wie empfinden Sie es, so verschlungen zu sein?

Probieren Sie nun gemeinsam etwas anderes aus. Einer von Ihnen streckt seine Hände mit nach oben weisenden Handflächen aus. Der oder die andere legt seine oder ihre Hände behutsam darauf. Reiben Sie Ihre Hände sanft gegeneinander. Wie unterscheidet sich dieses Erlebnis vom ersten? Jetzt nimmt der, dessen Hände sich oben befinden, sie weg. Was für ein Gefühl ist das?

Die Berührung der Hände ist eine körperliche Metapher für die Bindung in der Familie. Widersprüchlich ist, daß man sich nah und doch getrennt sein kann. Wenn die Finger verschlungen sind, fühlt es sich zuerst geborgen und warm an. Wenn jedoch einer oder beide versuchen, sich zu bewegen, wird das zumindest schwierig. Der Druck der Finger kann sogar schmerzvoll sein. Schlimmstenfalls muß man sogar kämpfen, wenn man freikommen will.

Das Widersprüchliche an jeder Beziehung ist, sich zu berühren und sich doch nicht festzuhalten. Wie mit den Händen können Sie die Nähe und die Freiheit erleben, sich ungehindert zu bewegen, falls Sie nicht versuchen, den anderen zu beherrschen. Das Risiko besteht darin, daß der andere sich eventuell absetzt, und Ihnen steht frei, darauf zu vertrauen, daß er es nicht tut. Der Versuch, jemanden zu beherrschen, bewirkt eine Verhärtung der Beziehung, was mit Sicherheit den Wunsch nach sich zieht, sich zu lösen. Die andere Möglichkeit ist die, sich überhaupt nicht zu berühren.

Bei manchen Familien ist es am Ende so, daß man sich nicht genug berührt, andere dagegen verschlingen sich zu sehr. Dann ergeben sich Meinungsverschiedenheiten. Einem Teenager, dessen Eltern versuchen, in seine Clique aufgenommen zu werden, wäre sicher etwas mehr Abstand lieb. Das Ehepaar, bei dem der Berufsweg des einen Partners verhindert hat, daß beide viel Zeit zusammen verbracht haben, könnte Probleme mit der Bindung bekommen.

Zuweilen ist es nur eine Frage der Gewöhnung. Ich habe einmal mit einer Familie zu Abend gegessen, die eine sehr ungewöhnliche Tischsitte hatte. Sie erzählten mir, daß eine der umstrittenen Fragen, ihre Gewohnheiten aufeinander abzustimmen, damit zu tun habe, daß sie sich im Restaurant immer gegenseitig vom Teller äßen. In der Familie des Ehemannes war es üblich gewesen, daß jeder etwas anderes bestellte und sich dann die Freiheit herausnahm, sich etwas von den Tellern der anderen zu nehmen. Obwohl er der Meinung war, seine Familie sei zu eng miteinander verbunden gewesen, fand er diese Angewohnheit großartig. Die Frau berichtete, es sei ihr zu Anfang schwergefallen, sich daran zu gewöhnen, doch heute fände auch sie Gefallen an der Sitte. Auch ich hatte Bedenken. Nachdem aber einige unternehmungslustige Kinder ein paar Fleischstückchen von meinem Teller geangelt hatten, beschloß ich mitzumachen und hatte enormen Spaß dabei.

Nicht alle strittigen Bindungsfragen lassen sich so leicht lösen. Wenn wir noch einmal auf das Bild der Hände zurückkommen – hierbei geht es grundsätzlich um die Frage des Vertrauens. Sich genügend zu trauen, eine engere Bindung einzugehen, ist die eine Seite, sich nicht genügend zu trauen, dem anderen Spielraum zu lassen, die andere. Wie wir schon im Zusammenhang mit der Anpassungsfähigkeit gesehen haben, kann eine Familie beim Geben und Nehmen von Fürsorge und Untersützung zuviel aber auch zuwenig Verantwortungsbewußtsein entwickeln. Eine Familie mit zuwenig Verantwortung kann bindungslos werden, eine mit zuviel Verantwortung verstrickt sich. Wenn die Probleme nicht gelöst werden, können beide Extreme zu Schwierigkeiten für die Familie führen.

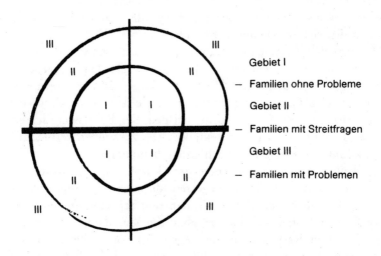

Gebiet I
– Familien ohne Probleme

Gebiet II
– Familien mit Streitfragen

Gebiet III
– Familien mit Problemen

Fürsorge bei zuwenig Verantwortung — die bindungslose Familie

In einigen Familien ist die innere Bindung sehr gering. Solche Familien kann man als bindungslos bezeichnen. In ihnen gibt es mehr Distanzen als Vertrautheit. Sie sind einsame Familien. Die Familienmitglieder sehen sich als Einzelkämpfer. Sie haben nur wenige Interessen oder Freunde gemeinsam. Statt dessen wird Wert auf das Privatleben und Zeit zur freien Verfügung gelegt. Die Familienmitglieder trachten danach, ihre emotionalen Bedürfnisse außerhalb der Familie zu befriedigen. Man fühlt sich an David Riesmans schon klassisches Buch *Die einsame Masse* aus dem Jahr 1950 erinnert.

Das stärkere Streben nach Unabhängigkeit erstreckt sich auch auf das Treffen von Entscheidungen. Da nur wenige gemeinsame Interessen bestehen, gibt es auch kaum Entscheidungen, die eine Beteiligung der Familie erfordern. Außerdem sind nur wenige Traditionen und ein geringes Vermächtnis vorhanden, die die Familie aneinander binden könnten. Eine solche Familie ist gekennzeichnet durch eine Überlebensmentalität — jeder schlägt sich allein durch.

Einer der Faktoren, der zur Bindungslosigkeit beiträgt, ist, daß Nähe oft daran gekoppelt ist, das »Richtige« zu tun, und Eltern entziehen den Kindern die Rückendeckung bei schlechtem Verhalten. Waren Sie jemals in jemanden vernarrt, aber anstatt aufrichtig zu sein, haben Sie sich von der oder dem Betreffenden gelöst? Der andere verspürte die Veränderung und fragte, ob irgend etwas nicht in Ordnung sei. »Nein, gar nichts,« war Ihre Antwort, aber Ihre Stimme und Ihr Gesichtsausdruck straften Sie Lügen. Eine der Mütter aus unserem Zentrum für Familienerneuerung nannte es »den Blick«.

Das Muster in bindungslosen Familien ist gängig. Die eigentliche Botschaft lautet: was du getan hast, bedroht unsere Beziehung. Der Abstand wird als Strafe aufrechterhalten, um sicherzustellen, daß sich so etwas nicht noch einmal ereignet. Geht ein Elternteil einem Kind gegenüber so vor, ist das ganz besonders bedrohlich. Während das Augenmerk auf das gerichtet ist, was das Kind tut, besteht die Bedrohung im Verlust der Beziehung. Außerdem ist sich der Vater oder die Mutter nicht einmal im klaren über das Verhalten.

Die Legende, die bemüht wird, um dieses Muster zu rechtfertigen, besagt, daß man nicht gleichzeitig besorgt und wütend sein könne. Wenn man verrückt spielen wolle, müsse man die Beziehung abbrechen. Aber das stimmt nicht. Diejenigen, auf die Sie den größten Zorn haben, sind die, die Sie am meisten lieben. Das Gegenteil von Liebe ist Gleichgültigkeit, nicht Wut. Eine bindungslose Familie mag einen gleichgültigen Eindruck machen, aber in Wirklichkeit entfernen sich die Familienmitglieder über ihren Streitfragen, anstatt ihre Beziehung zu vertiefen. Streitfragen sind bedeutsame Gelegenheiten zum Ausbau einer Verbindung.

Kinder in bindungslosen Familien haben oft das Gefühl, sie müßten perfekt sein, um die Beziehung zu erhalten. Da sie wissen, daß sie es nicht können, gehen sie jeder Vertrautheit aus dem Weg, um nicht verletzt zu werden. Das kann dazu führen, daß ihre Beziehung zu anderen seicht und oberflächlich bleibt. Ein das Leben erschwerender Nebeneffekt ist, daß sie aufgrund ihrer Angst vor Vertrautheit einen Ehepartner wählen, dem es sehr schwer fällt, unabhängig zu sein. Wenn sie dann tatsächlich jemanden heiraten, der ebenso selbständig ist wie sie, entschließen sie sich unter Umständen, sehr behutsam und besorgt um die Bedeutung des anderen zu sein.

Die volle Verantwortung für die eigene Rolle in einer Beziehung zu übernehmen, bedeutet, sich gänzlich klar über die Bedeutung der Beziehung und den Wert des anderen zu sein. Ohne diese Art von Verwundbarkeit zu begründen, kann eine emotionale Beziehung sehr schwer sein. Wenn ein Ehepaar bei seinen Kindern das gleiche fördert, wie das, was sich in seiner bindungslosen Ehe abspielt, wiederholt sich der Teufelskreis, und das bindungslose Umfeld kann eine weitere Generation bestehen.

Fürsorge bei zuviel Verantwortung — die in sich verstrickte Familie

Das andere Extrem der Familienbindung wollen wir in sich verstrickt nennen. In einer solchen Familie sind die Mitglieder überengagiert und sehr voneinander abhängig. Niemand kann für sich sein, ohne bei den anderen Angst zu erzeugen. Sie müssen die ganze Zeit zusammensein und alles miteinander teilen, auch die Freunde. Ein

Privatleben gibt es kaum. Die Eltern wissen zuviel von ihren Kindern und die Kinder zuviel von ihren Eltern. Jeder hat allen Entscheidungen zuzustimmen, ob es sich nun um persönliche oder Familienangelegenheiten handelt. Es ist so, als bestände die Familie nur aus einer Person.

In einer in sich verstrickten Familie wird jedes Kind als eine Kopie der Eltern betrachtet. Abweichendes oder falsches Verhalten fällt, wie man glaubt, auf die Eltern zurück — die folglich in irgendeiner Form schlecht sind. Die elterlichen Befürchtungen hinsichtlich der eigenen Unzulänglichkeiten verdecken meist die Verantwortung, die das Kind für sein Verhalten hat. Die Folge ist, daß sich Familienmitglieder ständig Sorge wegen des Verhaltens anderer Mitglieder und deswegen machen, daß das auf sie selbst zurückfällt. Man stelle sich eine kleine Gemeinschaft vor, in der jeder alles vom anderen weiß und jeder sterben würde, wenn ein Außenstehender etwas Anrüchiges herausfände; dann hat man in etwa eine Vorstellung.

Solche Beziehungen werden erdrückend und zu bloßem Schutz. Eigenständigkeit ist für jeden ein Problem. Niemand kann eine eigene Meinung vertreten, ohne daß sich die anderen dadurch bedroht fühlen. Kinder wie Erwachsene haben eine verschwommene Vorstellung vom Selbst, weil die Grenzen derart verwischt sind. Das Ergebnis ist eine Einstellung, die dem Motto folgt, »Meine Familie — da komme, was wolle«. In ihrer extremsten Form äußert sich diese Einstellung, wenn ein Familienmitglied verteidigt wird, egal, was es getan hat. Dann hört man Sätze wie diese: »Wir dürfen uns untereinander alles sagen, aber kein Außenstehender« oder »Schlägst du einen von uns, triffst du alle«. Der Stolz innerhalb der Familie ist so groß, daß eine Demütigung eines Mitgliedes als Demütigung der ganzen Familie angesehen wird. Die Verantwortung für das Verhalten einzelner wird der Solidarität der Familienbeziehungen geopfert.

Das Leben einer in sich verstrickten Familie ist wie ein kitschiges Rührstück, das jeden stark mitnimmt und kaum noch losläßt, doch nach einiger Zeit kommt es einem wie ein alter Hut vor. Erwachsene aus verstrickten Familien finden andere Menschen anziehend, die ähnliche Schwierigkeiten haben, für sich zu sein, weil man schnell übertrieben Anteil nimmt, die Verantwortung des anderen übernimmt und sich vom Geschehen einfangen läßt. Auf diese Weise kann Liebe zur Sucht werden. Das Hauptproblem der in sich verstrickten Familien besteht darin, daß niemand akzeptiert werden kann, der eigene Wege geht oder sich abhebt. Weder Eltern noch Kinder fühlen sich für ihr Verhalten verantwortlich, weil die anderen mitbeteiligt sind. Die Intensität der Beziehungen läßt persönliche Grenzen verschwinden.

Verantwortungsbewußte elterliche Fürsorge

Kinder brauchen ein Feedback von den Eltern, da sie nicht gelernt haben, ihr eigenes Verhalten zu bewerten. Fühlen sie sich in einer Zeit zurückgewiesen, in der sie ein hohes Bedürfnis nach Akzeptanz haben, bewirkt das im Kind einen Aufruhr. Ihn kann es auf verschiedene Art lösen, unter anderem dadurch, daß es »supergut« ist oder sich schlecht benimmt, um Aufmerksamkeit zu erregen. Eine Möglichkeit, den Aufruhr überhaupt zu vermeiden, besteht für die Eltern darin, in der Beziehung Akzeptanz und Unterstützung zusammen mit angemessen gesetzten Grenzen zu bieten.

Zwischen Unterstützung und Kritik besteht eine unbedingt erforderliche Spannung. Die Eltern sollen Akzeptanz gewähren, die ein Schlüssel zur Entwicklung des Selbstwertes ist. Sie müssen auch Bewerter sein, die Werturteile über das abgeben, was ein Kind tut. Das ist ebenfalls ein entscheidender Umstand bei der Entwicklung des Selbstwertes. Im vorigen Kapitel haben wir gesehen, daß die Aufgabe des Bewertens und Grenzensetzens über- und untertrieben werden kann. Das gilt auch für die elterliche Akzeptanz und Unterstützung. Es ist besonders schwierig, bei diesen beiden ein Gleichgewicht aufrechtzuerhalten. Einer der Schlüssel dazu liegt in der Art, wie Unterstützung gegeben oder nicht gegeben wird.

Verantwortungsvolle Unterstützung

Stellen wir die drei folgenden Erklärungen von Eltern gegenüber, die ihrem Kind ihre Betrübnis über dessen aufsässiges Verhalten ausdrücken:

1. »Geh mir aus den Augen!« (zuwenig Verantwortung — bindungslos.)

2. »Ich lieb dich sehr, aber ich kann nicht hinnehmen, was du tust.« (verantwortungsbewußt — vereinzelt oder verbunden.)

3. »Wie konntest du mir das nur antun?« (zuviel Verantwortung — verstrickt.)

Die erste Erklärung droht Preisgabe oder Verlust der Beziehung wegen des Verhaltens an. In einer bindungslosen Familie liegt das Schwergewicht darauf, Anforderungen, von denen die Beziehung abhängt, zu erfüllen. Im dritten Beispiel dagegen steht die Beziehung im Mittelpunkt. Der verstrickte Elternteil nimmt das Verhalten des Kindes persönlich und deutet es als Verachtung, Kritik oder Verurteilung seiner Person. Das Verhalten verliert sich in einem Tumult aus Gefühlen.

Die zweite Erklärung bekräftigt sowohl die Grenzen wie auch die Beziehung. In gemäßigten Familien kann ein Kind einen Fehler begehen, ohne die Beziehung zu verlieren. Bei bindungslosen oder verstrickten Familien ist das nicht so. Einen Fehler zu machen, ist ein beschämendes Erlebnis. In einer bindungslosen Familie droht einem Kind die Preisgabe, in der verstrickten Familie wird ihm nicht verziehen. In beiden Fällen kommt sich das Kind isoliert und allein vor. Bleibt die Beziehung jedoch intakt, und liegt das Schwergewicht auf der Grenze oder Anforderung, die verletzt wurde, besteht eine Chance, die Übertretung wiedergutzumachen. Selbst wenn das Fehlverhalten persönlich verletzend war, sind Ersatz und Genugtuung möglich. Mit unterschiedlichsten Methoden erzielte Forschungsergebnisse über das Aufziehen von Kindern befassen sich mit dem bekannten Thema, ein ausgleichendes Feedback auf das Verhalten zu konzentrieren, ohne den Verlust der Beziehung anzudrohen. In verbundenen und vereinzelten Familien können Eltern ihre Beziehung zum Kind vom Verhalten des Kindes trennen.

Die Eltern können maßgeblich zu einer ausgeglicheneren Familienumgebung beitragen, indem sie die Verantwortung für die eigenen Fehler und Irrtümer übernehmen. Versuchen Sie einmal, sich an die Gelegenheiten zu erinnern, wo Sie mit Ihrem Mann oder den Kindern geschimpft haben. Vielleicht als Sie die Wagenschlüssel irgendwo weit außerhalb der Stadt verloren hatten und den Eindruck erweckten, jemand anders sei daran schuld. Oder als Sie etwas von einem Kind verlangten, was unvernünftig war. Obwohl Sie das vielleicht später erkannten, hielt Ihr Stolz Sie davon ab, es zuzugeben, denn es ging ja um »Prinzipien«.

Wenn Eltern ihre eigenen Grenzen anerkennen, verhindert das Extreme. Wenn sie die Verantwortung für ihr eigenes Verhalten übernehmen, sind die Möglichkeiten der Verstrickung begrenzt. Ein Verhalten als das eigene anzuerkennen, ist ein deutlicher Ausdruck von Individualität. Ähnlich fördert die Übernahme der persönlichen Verantwortung für Irrtümer die Unterstützung und Beziehung und verringert dadurch die Bindungslosigkeit, die aufkommt. Ein Ehepaar, das offen Meinungsverschiedenheiten haben und trotzdem verbunden bleiben kann, ist ein starkes Vorbild für seine Kinder. Wenn es die gleiche Art von Beziehung zu seinen Kindern pflegt, schafft es ein Familienklima, in welchem die Kinder Kritik hinnehmen und dennoch darauf vertrauen können, daß man sie nicht fallenläßt. Ein solches Klima begünstigt die Entwicklung des Selbstwertes, der Selbstdisziplin und der Fähigkeit, aus Fehlern zu lernen.

Anregungen für Eltern — die Bindung in der Familie

Die atmosphärischen Umstände der inneren Familienbindung, die wir geschildert haben, sind dynamisch und verändern sich. Jede Familie erlebt zu verschiedenen Zeiten unterschiedliche Stufen der Bindung, manchmal sogar im Verlauf eines Tages. Es gibt aber auch Zeiten, zu denen eine extreme Situation angemessen ist. Bei der Geburt eines Kindes muß eine Familie verstrickt sein. Wenn die Umstände erfordern, daß sich eine Familie eine Zeitlang auseinandergerissen an verschiedenen Plätzen aufhält, wird diese Trennung natürlich dazu führen, daß jeder eine Beziehung zu den Freunden in seiner Umgebung sucht.

Kommt eine Familie irgendwann einmal nicht von der Stelle, kann sie genügend Gelegenheiten schaffen, um die Problemebene zu erreichen. Hier ein paar Anregungen, wie man mit den Schwierigkeiten fertig wird.

Für Gelegenheiten elterlicher Fürsorge bei zu geringer Verantwortung:

1. Unternehmen Sie etwas mit den Kindern und gemeinsam als Familie.

Der Sinn für Zusammengehörigkeit verlangt eine gewisse zusammen verbrachte Zeit und etwas Gemeinsamkeit. Zwischen einigen Eltern und Kindern kommt es nur dann zu einem wechselseitigen Austausch, wenn etwas nicht in Ordnung ist. Dank der Schnellebigkeit der heutigen Zeit bleibt das Kind unter Umständen unbeachtet, falls sich nicht irgendein Problem einstellt. Um nicht übersehen zu werden, muß man für Ärger sorgen. Eine positive Beziehung zu den Eltern beruht darauf, daß die Eltern diese Beziehung wollen. Die Zeit, die man zusammen verbringt, zeigt an, wie stark dieser Wunsch ist.

2. Gestehen Sie den Kindern zu, Fehler zu machen.

Fehler machen zu dürfen bedeutet, nicht perfekt sein zu müssen. Fehler sind Gelegenheiten, etwas zu lernen und fördern die Entwicklung eines guten Gewissens. Darunter zu leiden, wegen eines Irrtums abgekanzelt oder in Zweifel gezogen zu werden, heißt, mehr als einen Fehler daraus zu machen. Es besagt unmißverständlich, daß man abgelehnt wird.

Für Gelegenheiten elterlicher Fürsorge bei zuviel Verantwortung:

3. Gestehen Sie den Kindern zu, eine eigene Meinung zu haben oder sich abweichend zu verhalten.

Zahlreiche Forschungsergebnisse bestätigen, daß es zur Entwicklung eines Kindes beiträgt, wenn es Meinungen vertreten und Verhaltensweisen zeigen kann, die denen der Eltern entgegenstehen. Das soll nicht heißen, daß die Eltern ihre Zielvorstellungen oder Grenzen ändern, sondern daß sie die Empfindungen und Überzeugungen ihrer Kinder gelten lassen, indem sie sie anhören.

4. Ermöglichen Sie, daß die Kinder für die Folgen ihres Verhaltens eintreten.

Einige Eltern übertreiben ihre Fürsorge und übernehmen die Verantwortung für das, was die Kinder tun, und wofür eigentlich die Kinder aufkommen müßten. Der Druck muß auf den Kindern bleiben. Das beste für das Kind überhaupt ist, wenn es lernt, die Fähigkeit zu entwickeln, aus Fehlern zu lernen.

Wenn man ein Klima verantwortungsbewußter elterlicher Fürsorge aufrechterhalten will:

5. Arbeiten Sie auf eine Beziehung hin, die zwar innig ist, aber das Kind trotzdem zur Selbständigkeit ermuntert.

Sätze wie, »Ich wollte, sie könnte so bleiben, wie sie ist«, spiegeln eine Sehnsucht wider, die die meisten Eltern haben. Die Wirklichkeit aber ist, daß wir als Eltern die Aufgabe haben, Selbständigkeit zu vermitteln. Das heißt, daß die Eltern während der Reifezeit des Kindes die Entwicklung von Interessen und Freundschaften außerhalb der Familie begünstigen.

6. Kritisieren Sie das Verhalten, nicht die Person.

»Warum bist jedesmal du dabei, wenn hier irgendwas schiefläuft?« ist ohne Frage eine persönliche Kritik. Es ist unerläßlich, daß das Kind unterstützt wird, um ihm zu helfen, sein kreativitätsfeindliches Verhalten zu bekämpfen. Schlechtes Verhalten bedeutet nicht den Verlust der elterlichen Fürsorge, und es bedeutet auch nicht, daß das Kind schlecht ist.

7. Geben Sie Fehler zu.

Auch Eltern müssen nicht perfekt sein. Sie können Selbstakzeptanz formen und die Achtung des Kindes aufbauen, wenn Sie nicht versuchen, ein Übermensch zu sein. Außerdem übernehmen Kinder bereitwilliger die Verantwortung für ihr Verhalten, wenn sie sehen, daß die Erwachsenen es auch tun. Eltern, die befürchten, ihre Autorität zu verlieren, sollten vielleicht einmal an den Ursprung des Wortes »Autor« denken, das auch lebenspendende Kreativität beinhaltet.

Wenn Eltern nach diesen Anregungen handeln, übernehmen sie die klare Verantwortung dafür, ihren Kindern emotionalen Rückhalt zu geben. Eltern, die ihren Kindern auf angemessene Weise helfen, bemühen sich um eine feste Beziehung zu ihnen, doch sie versuchen auch, Grenzen zu setzen, um ihren Kindern dabei behilflich zu sein, Selbstdisziplin und ein Selbstwertgefühl zu entwickeln. Verantwortliche Elternschaft verlangt also, daß man sowohl der Anpassungsfähigkeit wie der Bindung einer Familie Aufmerksamkeit schenkt. Beide sind unentbehrlich für die persönliche Entwicklung des Kindes, aber auch für die der Erwachsenen.

In diesen ersten zwei Kapiteln haben wir zwei große Bereiche der Funktionsweisen innerhalb einer Familie erörtert. Für jeden Bereich wurden einige »Familienmodelle« beschrieben. Diese Modelle sollen zum besseren Verständnis der Familie beitragen. Halten wir uns aber immer vor Augen, daß es Modelle sind, mehr nicht. Im wirklichen Leben gibt es keine verstrickten, bindungslosen, chaotischen oder starren Familien in Reinkultur.

Im folgenden Kapitel werden die zwei Bereiche in einer sogenannten Familienkarte zusammengefaßt. Wenn Sie die Familienkarte benutzen, können Sie erkennen, wo Sie sich als Familie gegenwärtig befinden. Es werden einige weitere Gedanken vorgestellt, damit Sie die Richtung besser ausmachen können, die Sie als Familie vielleicht nehmen. Wo Sie sich augenblicklich befinden und wohin Sie gehen, hängt beide Male bis zu einem gewissen Grad davon ab, wo Sie als Familie standen. Das Verständnis, das Sie von Ihrer Familie haben, ist unter Umständen entscheidend dafür, wo Sie sich auf Ihrer Karte wiederfinden werden.

Das Ineinanderverschmelzen zweier Familiengeschichten

Das Werden einer Familie ist im wesentlichen das Verschmelzen zweier Familiengeschichten. Beide Elternteile bringen eine bewußte Vergangenheit und ein unbewußtes Erbe in die Ehe ein, die eine starke Tradition bilden. Die Überlieferung stellt ein verwobenes Mosaik aus Kämpfen, Leiden, Wissen und Erfolgen der Vergangenheit dar. Sie wird an jede Generation als Symbol für das weitergegeben, was wertvoll und bedeutsam geworden ist. Die Entscheidung darüber, wie sich diese Überlieferungen miteinander verbinden sollen, um die Kinder dann daran teilhaben zu lassen, ist von größter Wichtigkeit. Aber fast alle bewerkstelligen wir das unbewußt.

Die Faszination der Öffentlichkeit über Alex Haleys Buch *Wurzeln* verrät unsere Faszination an Familiengeschichten. Der Familienstammbaum ist nicht länger das alleinige Jagdgebiet des Amateurhistorikers. Viele erforschen inzwischen die Familie ihrer Herkunft, um etwas von sich selbst zu erfahren und sich der Entscheidungen bewußt zu werden, die sie gegenwärtig treffen. Die Wurzeln einer Familie nehmen in den wichtigen Entscheidungen über Ehe und Kinder Gestalt an. Bereits beim allerersten Zusammentreffen nimmt alles seinen Anfang.

Das erste Zusammentreffen

Schon in den ersten vier Minuten der ersten Begegnung eines Paares werden grundlegende Gesichtspunkte der Beziehung festgelegt. Und einige Familientherapeuten bitten daher auch das Paar, das erste Zusammentreffen zu schildern, um die Therapie anzukurbeln. Die erste Begegnung ist von geschichtlicher Bedeutung, denn da berühren sich die beiden Familiengeschichten erstmals. Sie setzt einen Akzent und wird manchmal der Schlüssel zur gesamten Beziehung. Auf jeden Fall wird das Paar sie als gemeinsamen Bezugspunkt für sein Leben nehmen. Ob Sie erwachsen oder noch jünger sind, es ist wichtig, daß Ihre Eltern Ihnen von ihrer ersten Begegnung erzählt haben. Wenn Sie nichts davon wissen, ist es, als läsen Sie eine Geschichte, deren Anfang Sie nicht kennen.

Ein System festlegen

Hat sich ein Paar entschlossen, gemeinsam eine Beziehung aufzubauen, steht es vor einer grundlegenden Entscheidung, die damit zu tun hat, welche Art von System beide wählen. Soll es wie ihr oder wie sein System sein? Oder einigen sie sich auf einen Kompromiß, bei dem das Beste beider Systeme vereint wird, oder vielleicht sogar auf eine einmalige Lösung, die von beiden Herkunftsfamilien völlig abweicht?

Sich noch einmal zurückzubesinnen auf die Phasen der Anpassungsfähigkeit, erlaubt uns einen Blick auf diese Entscheidungsfindung. Nehmen wir beispielsweise einen Mann aus einer relativ starren Familie und eine Frau aus einer recht chaotischen. Vielleicht fühlt er sich zunächst von ihrer unkomplizierten, an Don Quichotte erinnernden Art angezogen. Ähnlich bewundert sie vielleicht seine Sicherheit und Entschlossenheit. Es ist alles bestens, bis sie gemeinsam irgendeine Entscheidung treffen müssen. Dann erscheint er vielleicht plötzlich als eigensinnig, und sie wird in seinen Augen oberflächlich. Sie haben jetzt folgende Möglichkeiten:

1. Sie können die Dinge starr und unflexibel wie in seiner Familie handhaben, wobei er wahrscheinlich das Sagen hat.
2. Sie können sich im Stil des »Catch-as-catch-can« über die Runden retten, wie ihre Familie es getan hat, wobei wahrscheinlich sie das Tempo angeben wird.

3. Sie können sich über ein ausgeglicheneres System verständigen — entweder das hierarchische oder flexible —, das wünschenswerte Eigenschaften beider ausbaut, anders als beide Familien ist und sie beide in den Prozeß mit einbezieht.

Aber es gibt noch eine andere Möglichkeit. Sie könnten sich entschließen, keinen Entschluß zu fassen. Einige Paare verbringen ihre gesamte Ehe damit, sich darüber zu streiten, wessen Art die richtige ist. Ihre Beziehung ist im allgemeinen gekennzeichnet durch selbstgerechtes Suchen nach Fehlern und Schuld. In unserem Beispiel bleibt er felsenfest davon überzeugt, daß eine Familie mit fester Hand geführt werden sollte, während sie sich weigert, sich durch willkürliche Regeln binden zu lassen. Letzten Endes haben beide tatsächlich ein gemeinsames Problem, denn jede Entscheidung, die ansteht, ist ein potentieller Konflikt. Konflikte, wie:

— wie werden die finanziellen Angelegenheiten geregelt?

— wie wird die täglich anfallende Hausarbeit aufgeteilt?

— wie sollen die Kinder erzogen werden?

— wann soll man zu Bett gehen, wann aufstehen?

— welcher Kirche soll man angehören?

— welche Freunde sollen sein?

— wer schläft im Bett auf welcher Seite?

— wessen Aufgabe ist es, morgens den Kaffee zu kochen?

— wer soll bei der Liebe die Initiative ergreifen?

— wie sauber ist sauber?

— auf welche Temperatur soll man den Heizungsthermostat einstellen?

— wer soll was . . .?

Das Ehepaar, das sich nicht festgelegt hat, wie es zusammen leben will, steht bei jeder Frage einer möglichen Krise oder einem Streit gegenüber. Für die Unentschlossenen ist es ein ständiger Bürgerkrieg. Einige dieser Streitfragen haben es selbst für diejenigen in sich, die aus gleichen Systemen kommen.

Eine Methode, eine Beziehung auf diesen Konflikt hin abzuklopfen, besteht im von mir sogenannten Verwandten-Test. Wie reagieren Sie auf die Verwandten Ihres Partners? Sind Sie gern mit ihnen zusammen, obwohl sie anders sind oder Ihrer Meinung nach sogar ein bißchen verrückt? Oder ist das Zusammensein mit ihnen schwer? Sind Sie kritisch und wünschen sich, Sie müßten nicht mit ihnen zusammensein? Wenn Sie sich wohl fühlen, drohen Ihnen wahrscheinlich keine Unannehmlichkeiten von der Familie Ihres Partners, da Sie als Ehepaar eine Lösung gefunden haben, wie Ihr Familiensystem arbeiten soll.

Wenn Sie jedoch Parallelen zwischen Ihrem Partner und Erscheinungen in der Familie feststellen, die Ihnen nicht gefallen,

und

wenn Sie deutlich machen, daß er oder sie genau wie sein(e) bzw. ihr(e) Vater oder Mutter ist, oder erklären, daß er oder sie wie er oder sie werden könnte,

und

wenn Sie Ihrem Partner eine genaue Analyse darüber anbieten, warum seine Familie übergeschnappt ist,

und

wenn Sie insgeheim denken, daß Ihr Partner die gleichen Dummheiten begeht,

und

wenn Sie hoffen, daß Ihre Kritik Ihren Ehepartner dahinbringt, sich zu ändern,

dann

haben Sie womöglich ein »familiengeschichtliches« Problem.

Es ist ein sicheres Zeichen dafür, daß Sie und Ihr Partner keine Entscheidung darüber getroffen haben, wie Ihr System funktionieren soll.

Verwandte können das erschweren. Ein Ehepaar kann seine Beziehung als sehr brauchbar empfinden, doch beide Familien versagen ihre Zustimmung. Jedes Ehepaar, dessen Beziehung die Untersützung der jeweiligen Familie kostet, weiß, wie quälend ein solches Erlebnis sein kann. Shakespeare schilderte diesen Konflikt sehr anschaulich in der bekannten Fehde zwischen den Montagues und Capulets, die zum Tod ihrer Kinder Romeo und Julia führte. Er schloß:

> Denn niemals gab es ein so traurig Los,
> Als Julias und ihres Romeos.

Worauf es ankommt, ist, daß alle Paare ihre jeweilige Familientradition durchdenken müssen. Beide Familien haben durch das, was bis dahin geschehen ist, enorm viel eingebracht. Wichtig ist, ein neues Kapitel in der Familiengeschichte aufzuschlagen.

Geburt der Kinder

Nichts fördert die strittigen Fragen, die in die Familientradition eingebettet sind, deutlicher zutage als die Geburt eines Kindes. Wie in der Ehe auch, werden einige der ganz frühen Erwartungen die stärksten. Welche Bedeutung die Geburt eines Kindes für beide Elternteile hat, kann die Grundlage der zukünftigen familiären Entwicklung sein und manchmal auch eine Bürde für das Kind werden. Ein Kind, von dem überragende Leistungen erwartet werden, oder das eine Ehe retten soll, kann innerhalb der Familie schwer daran zu tragen haben.

Als ich dieses Kapitel schrieb, stellte ich mir immer öfter die Frage, was ich früher von meinen eigenen Kindern wahrgenommen hatte. Ich durchsuchte alte Aufzeichnungen und Tagebücher und fand folgende Zeilen über meinen Sohn David, die an seinem ersten Geburtstag geschrieben worden waren.

> David ist hellblond, wiegt fast 27 Pfund und hat sechs Zähne — letzteres mich etwas aus der Fassung bringt, wenn ich daran denke, daß ich mich gerade daran gewöhnt hatte, daß er überhaupt keine hat. Zu seinen Leistungen gehören das Verstehen einiger Worte, die Fähigkeit zu laufen, wenn zuweilen auch noch etwas wackelig, und eine bemerkenswerte Gewandtheit der Hände, sei es, daß es darum geht, nach Mamas Pflanzen zu grabschen, das Toilettenpapier im Wohnzimmer zu entrollen oder den Badewannenstöpsel wegzunehmen. David spricht noch nicht, lächelt aber bereitwillig auch beim geringsten Anlaß, oder schlingt einem die Arme um den Hals, wenn er sich

vor der Dunkelheit fürchtet, um Gefühle auszudrücken, die keiner Worte bedürfen. Tatsächlich unterstreicht diese Fähigkeit eines seiner verblüffendsten Merkmale, daß er nämlich mit einem Jahr jene grundlegenden Dinge kennt, die jeder Mensch lernen muß — und doch immer wieder vergißt —, denn in seinem Handeln ist das Wissen, daß nichts einen Sinn ergibt, wenn man jemanden nicht liebt.

Und nichts scheint seiner Aufmerksamkeit zu entgehen. Ich weiß nicht, wie oft ich schon die Geschichte erzählt habe, als David den kleinen, grauen Stein an der Auffahrt aufhob und scheinbar endlos ganz gewissenhaft jede Einzelheit untersuchte. Als ich genauer hinsah, erkannte ich, daß der Stein schon immer da gelegen, ich ihn aber nie bemerkt hatte, und doch hatte David vollkommen recht — es war ein interessanter Stein. Alles in seiner Reichweite, ob Blätter, Blumen oder der Staubsauger, wird mit der gleichen forschenden Neugier untersucht. Vielleicht ist es eine Frage des Blickwinkels. Ich erinnere mich an Robert Ruraks großartige Einsicht, als er den alten Mann beschrieb, der zu dem Jungen sagte: »Selbst eine Wanze ist schön, wenn du sie nur richtig anschaust!« Und wie jemand, der mir nahesteht, mir kürzlich erklärte, liegt die Ursache für Davids ungebrochene Freude darin, daß er nicht mit Voraussetzungen und Vorurteilen an die Dinge herangeht, die er betrachtet.

Seine Neugier und Anteilnahme an seiner Welt sind wahrscheinlich nichts Besonderes für ein Kleinkind. Doch den Erzählungen der Familie zufolge verbrachte auch sein Vater ungezählte Stunden damit, den Weihnachtsbaum anzustarren. Darüber hinaus weiß ich, daß mein Vater trotz seines zur Schau getragenen pragmatischen und geschäftsmäßigen Verhaltens schon immer ein eingefleischter Träumer war und auch noch ist. Falls dies Teil des Erbes von David ist, ist seiner Einsicht beschieden, von den ernüchternden Maßnahmen des Lebens wie auch vom Erfolg begleitet zu werden, wie es schon im Leben seines Vaters und dem seines Großvaters war.

Darin liegt der Kern der elterlichen Sorge — die Gewißheit, daß David wird lernen müssen, allein mit jenen Enttäuschungen fertig zu werden, die ganz von selbst aufkommen, mit der Neugier, der Suche. Doch diese Sorge wird gemildert durch eine gleich starke Zuversicht, daß nicht nur unsere Erfahrungen uns beeinflussen, sondern wir auch von denen ständig geformt werden, die uns lieben und ohne Vorbehalte unseren Werdegang akzeptieren.

Was mich so traf, jetzt, da ich mich an jene Passage erinnere, ist, daß die Bedeutung oder die Überzeugungen, die man den Kindern vor Augen führt, Teil der Wahrnehmung selbst sind. Was ich geschrieben hatte, war ebenso ein Bericht über mich und meinen Vater, wie über David. Ich betrachtete ihn mit einer Generationen überschreitenden Kontinuität. Unsere Erinnerungen an die Vergangenheit setzen sich fort in den Hoffnungen auf die Zukunft.

Während der italienischen Renaissance unterhielten viele Familien Archive, in denen sie Briefe, Notizbücher, Tagebücher und Familiendokumente sammelten, und oft zeichneten sie wichtige Ereignisse auf. Wir tun das gleiche, wenn auch weit unbewußter. Wir alle kennen die Geschichten, die in einer Art mündlicher Überlieferung immer und immer wieder erzählt werden. Von meiner Familie weiß ich,

— daß ich schwedische Urgroßeltern habe, die in Skane geboren sind, und Urgroßeltern aus County Cork und Dublin in Irland.

— daß, während sich einige meiner schottisch-irischen Vorfahren im Süden von Arkansas und Missouri durchschlugen, andere irische Vorfahren im Norden lebten, unter anderem ein Offizier der Union, der dabei war, als sich Lee in Appomattox ergab.

— daß die Weltwirtschaftskrise der 30er Jahre in diesem Jahrhundert tiefe Narben bei meiner Familie hinterließ, und wie meine Eltern zu kämpfen hatten, um durchzukommen, und einen Hundezwinger eröffneten.

— daß die Fehlgeburt des ersten Kindes in meiner Familie Auswirkungen darauf hatte, wie meine Eltern die Geburt des zweiten Kindes sahen, nämlich meine.

— daß ich oft meine Schwierigkeiten mit der makabren Tatsache hatte, daß mein Sohn David zwei Großväter hat, die im Zweiten Weltkrieg gedient haben — der eine als deutscher Offizier für die Nazis in Belgien, der andere als amerikanischer G.I.

— daß unsere Familie am stärksten zusammengehalten hat, als wir alle an unserem Hundezwinger mitgearbeitet haben und mein Vater beruflich einen neuen Anlauf nahm.

Ich könnte noch stundenlang weitererzählen, wie Sie vielleicht über Ihre Familie. Ereignisse, über die gesprochen wird, die neu erlebt und immer wieder erzählt werden, ergeben zusammen die Familiengeschichte. Den Sinn, den ich ihnen entnehme, übertrage ich auf alle neuen Vorkommnisse, bewußt oder unbewußt. Das sind meine »Wurzeln«. Sie sind Teil meiner Identität als Person und das »Wir« der Familie.

Es nimmt daher nicht wunder, daß Familienbeziehungen so innig sind. So viel steht auf dem Spiel, wenn sich zwei starke Traditionen in der Ehe und im Familienleben verbinden. Die Innigkeit bleibt erhalten, wenn die Familie wächst. Dieses Wachstum hat für jedes Familienmitglied große Bedeutung, wie wir im nächsten Kapitel noch sehen werden.

Übungen

Eintragung Nummer zwei im Familientagebuch   *Individuell/Familie*

Diese Eintragung befaßt sich mit den Banden, die eine Familie zusammenhalten. Wie schon bei der ersten Eintragung machen Sie bitte auch hier Ihre Anmerkungen zu den folgenden Fragen.

1. Wenn Sie aus Ihrer Familiengeschichte nur zwei Begebenheiten an die nächste Generation weitergeben könnten, welche wären das?
2. Was passiert in Ihrer Familie, wenn jemand eine unpopuläre Entscheidung trifft?
3. Wenn jemand einen Fehler begeht, was machen andere Familienmitglieder dann?
4. Wie werden Entscheidungen in Ihrer Familie getroffen?
5. Welche Betätigungen und Interessen haben die Familienmitglieder gemein?
6. Haben die Familienmitglieder zu Hause Platz genug, um auch einmal allein zu sein?

7. Welches ist ein Symbol des Stolzes, den Ihre Familie hat, eine Familie zu sein?
8. Welche Fragen haben Sie Ihren Eltern schon immer zur Familiengeschichte stellen wollen?

Schaubild zur Familienbindung *Gruppe*

Zweck dieses Schaubildes ist es, die Diskussion unter den Familienmitgliedern anzuregen. Halten Sie sich vor Augen, daß jede Familie wahrscheinlich in mehr als nur eine Kategorie paßt. Beantworten Sie die Fragen durch Einkreisen der Zahlen, die nach Ihrer Meinung am besten *für die meiste Zeit* auf Ihre Familie zutreffen. Verbinden Sie dann die eingekreisten Zahlen durch eine Linie.

Bereich der Bindung	Bindungslos			Vereinzelt	Verbunden	Verstrickt	
Nähe	nicht stark	1	2	3	4	5	6	zu stark
Unterstützung	keine	1	2	3	4	5	6	zuviel
Entscheidungen	nur allein	1	2	3	4	5	6	nur Familie
Gemeinsamkeit	wenig	1	2	3	4	5	6	in allem
Einheit	keine	1	2	3	4	5	6	umfassend

Addieren Sie jetzt die Antworten Ihrer Bewertung der Familienbindung: _____

Wahlweise für Erwachsene: Beantworten Sie die Fragen noch einmal und kennzeichnen Sie die Zahlen mit einem X, die am ehesten auf die Familie Ihrer Herkunft zutreffen. (Falls Sie Schwierigkeiten haben, versuchen Sie, sich an Ihre Familie zu erinnern, wie sie zu der Zeit war, als Sie so alt waren, wie Ihre Kinder jetzt.) Stellen Sie fest, ob die Antworten von denen des ersten Durchgangs abweichen. Addieren Sie jetzt die Antworten, um die Bewertung der Bindung innerhalb der Familie Ihrer Herkunft zu errechnen: _____

Krisenprofil der Familie – Bindung *Individuell/Familie*

Familien erleben häufig Veränderungen in ihrer Unterstützung und Nähe, wenn sie einer Krise gegenüberstehen. Erinnern Sie sich, wann die Familie zum letztenmal eine Krise durchgemacht hat. Es kann der Tod einer nahestehenden Person gewesen sein, ein Unfall, Verlust der Stellung, Krankheit, Umzug, erneute Außendiensttätigkeit des Ehemannes, jeder Rollenwechsel eines Familienmitglieds u. a. m. Erstellen Sie jetzt wieder das Profil für die Bindung, aber verwenden Sie einen Krisenzustand als Bezugsrahmen.

Bereich der Bindung	Bindungslos			Vereinzelt		Verbunden	Verstrickt
Nähe	nicht stark	1	2	3	4	5	6	zu stark
Unterstützung	keine	1	2	3	4	5	6	zuviel
Entscheidungen	nur allein	1	2	3	4	5	6	nur Familie
Gemeinsamkeit	wenig	1	2	3	4	5	6	in allem
Einheit	keine	1	2	3	4	5	6	umfassend

Addieren Sie jetzt die Antworten Ihrer Bewertung der Familienbindung:

_____

Wahlweise für Erwachsene: Beantworten Sie die Fragen noch einmal und kennzeichnen Sie die Zahlen mit einem X, die am ehesten auf die Familie Ihrer Herkunft zutreffen. (Falls Sie Schwierigkeiten haben, versuchen Sie, sich an Ihre Familie zu erinnern, wie sie zu der Zeit war, als Sie so alt waren, wie Ihre Kinder jetzt.) Stellen Sie fest, ob die Antworten von denen des ersten Durchgangs abweichen. Addieren Sie jetzt die Antworten, um die Bewertung der Krisenbindung Ihrer Herkunftsfamilie zu errechnen: _____

Verantwortungsbewußte elterliche Fürsorge — Bindung   *Eltern*

Die folgenden Fragen beruhen auf Anregungen über die Bindung am Ende dieses Kapitels. Antworten Sie durch Einkreisen der Zahl, die Ihrer Meinung am nächsten kommt. Für jeden Elternteil ist eine Spalte vorgesehen. Falls in der Familie mehrere Erwachsene oder ältere Kinder sind, die irgendwelche elterliche Pflichten wahrnehmen, verwenden Sie ruhig weitere Blätter.

Fragen:	Elternteil I	Elternteil II
	Antwort: _____	Antwort: _____
1. Verbringen Sie Zeit mit Ihren Kindern?	ja 1 2 3 4 5 nein	ja 1 2 3 4 5 nein
2. Helfen Sie, wenn Ihre Kinder Fehler gemacht haben?	ja 1 2 3 4 5 nein	ja 1 2 3 4 5 nein
3. Akzeptieren Sie Ihre Kinder, wenn sie eine andere Meinung vertreten oder anders handeln als Sie?	ja 1 2 3 4 5 nein	ja 1 2 3 4 5 nein
4. Dürfen Ihre Kinder die Folgen ihres Handelns tragen oder schützen Sie sie?	ja 1 2 3 4 5 nein	ja 1 2 3 4 5 nein
5. Helfen Sie Ihren Kindern, ihre eigenen Interessen zu entwickeln?	ja 1 2 3 4 5 nein	ja 1 2 3 4 5 nein
6. Kritisieren Sie im Fall einer Streitfrage das Verhalten und nicht die Person?	ja 1 2 3 4 5 nein	ja 1 2 3 4 5 nein
7. Geben Sie Ihre Fehler zu?	ja 1 2 3 4 5 nein	ja 1 2 3 4 5 nein

Unterstützung in der Familie   *Individuell/Familie*

Fertigen Sie eine graphische Darstellung an, wer in Ihrer Familie wen unterstützt. In der Darstellung gibt die Länge der Pfeile an, welche Distanz zwischen den einzelnen Personen besteht. In jeder Familie erhalten verschiedene Mitglieder zu unterschiedlichen Zeiten Hilfe in unterschiedlichem Umfang. Verwenden Sie Pfeile, um die Richtung der Unterstützung anzugeben. Nehmen wir folgende Familie als Beispiel:

In dieser Familie hilft die Oma der Mutter sehr viel im Haus und nimmt sich außerdem der Kinder an. Vater und Mutter helfen sich gegenseitig und sind für Erwin da, der noch kein Jahr alt ist. Johannes unterstützen sie auch, aber nicht im gleichen Maß, da er schon sehr viel älter ist. Eine graphische Darstellung dieser Familie sähe wie folgt aus:

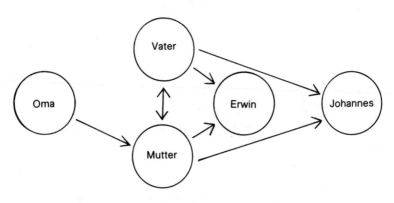

Zeichnen Sie ein ähnliches Bild Ihrer Familie. Vielleicht möchten Sie ein gesondertes Blatt benutzen. Falls die Unterstützung nicht in der Form erfolgt, die Ihnen vorschwebt, stellen Sie ein Idealmodell dar, das zeigt, wie die Familienmitglieder sich Ihrer Meinung nach helfen sollten.

Wenn jeder in der Familie die tatsächliche und gewünschte Unterstützung graphisch darstellt, vergleichen Sie die verschiedenen Aufzeichnungen und diskutieren untereinander darüber. Zeichnen Sie dann gemeinsam ein Modell, das darstellt, wie für die Familie die ideale Form der Unterstützung aussähe. Bewahren Sie es auf, damit Sie es sich noch einmal ansehen können, wenn Sie das Buch durchgearbeitet haben.

Gemeinsamkeit in der Familie

Familie

Überlegen Sie zusammen, was Sie als Familie gemein haben und wo es Interessen einzelner gibt. Führen Sie mit Hilfe der Tabelle unten die Freunde, Tätigkeiten und Interessen auf, die zwei oder mehr Familienmitglieder gemein haben, und dann diejenigen, die nur jeweils ein Familienmitglied hat. Wenn die Liste zusammengestellt ist, sprechen Sie darüber und konzentrieren Sie sich auf folgende Fragen: Besteht ein Gleichgewicht zwischen den Aktivitäten der Familie und denen einzelner Mitglieder? Hat jedes Familienmitglied einige eigene Interessen und Betätigungen? Wird jeder mit in die Zeit einbezogen, die die Familie gemeinsam verbringt?

Gemeinsam	Freunde	Aktivitäten	Interessen
Getrennt (führen Sie jedes Familienmit- glied einzeln auf)	Freunde	Aktivitäten	Interessen

Der größte Fehler, den ich je gemacht habe:
Eine Familienunterhaltung   *Familie*

Setzen Sie sich zusammen und lassen Sie jeden über »den größten Fehler, den ich je gemacht habe« sprechen. Wenn jemand redet, müssen die übrigen Familienmitglieder sehr aufmerksam zuhören und vermeiden, den Betreffenden abzuqualifizieren. Wenn Sie sich gegenseitig akzeptieren, auch wenn der andere einen Fehler gemacht hat, werden Sie die besonderen Bande erkennen, die Ihre Familie zusammenhalten. Diese Art der Aussprache kann innerhalb der Familie zu mehr Nachsicht gegenüber den Unzulänglichkeiten aller führen.

Prüfliste für das gemeinsame Erbe   *Individuell/Familie*

Das folgende ist eine Aufzählung von Aktivitäten, die eine Familie ergreifen könnte, um ihr Erbe zu bewahren.

Kennzeichnen Sie die Punkte, mit denen Sie sich gegenwärtig gerade aktiv beschäftigen, mit einem X, und diejenigen, die Sie gern in Angriff nehmen würden, mit einem Haken.

_____ 1. Führen Sie als Familie ein regelmäßiges Geschichtenerzählen ein.

_____ 2. Suchen Sie nach Geschichten, indem Sie sämtliche Verwandten nach den Geschichten fragen, an die sie sich noch erinnern.

_____ 3. Entwerfen Sie einen Familienstammbaum, bei dem beruflicher Werdegang, Lebensdauer, Tod und besondere Ereignisse in der Geschichte Ihrer Familie festgehalten sind.

_____ 4. Bauen Sie ein Familienarchiv für Tagebücher, Briefe und Zeitungsausschnitte auf.

_____ 5. Nehmen Sie Gespräche mit älteren Familienmitgliedern auf Band auf.

_____ 6. Sorgen Sie dafür, daß alle alten Fotos beschriftet und geordnet werden.

_____ 7. Schreiben Sie jetzt Briefe an Kinder, um Zeugnisse aus deren Kindheit zu bekommen.

_____ 8. Legen Sie ein jährliches Familientagebuch mit all den wichtigen Ereignissen an, die im jeweiligen Jahr in der Familie zu verzeichnen waren.

_____ 9. Sammeln Sie regelmäßig alle Kindererinnerungen und ordnen Sie sie.

_____ 10. Führen Sie ein persönliches Tage- oder Merkbuch über die Familie.

_____ 11. Machen Sie alte Unterlagen über die Familiengeschichte ausfindig (städtische oder kirchliche Dokumente, Zeitungen usw.).

_____ 12. Finden Sie heraus, wo einige Ihrer Vorfahren begraben sind und besuchen Sie die Stätten.

_____ 13. Legen Sie eine Sammlung alter Besitzgüter der Familie an (Bücher, Bibeln, Fotoalben, Schmuckstücke, Möbel, Kleidung u. a. m.).

Andere Aktivitäten, die Ihre Familie unternimmt, oder die Ihnen sonst einfallen.

_____ 14.

_____ 15.

_____ 16.

Was könnten Sie jetzt in Angriff nehmen? Führen Sie die Vorschläge hier auf:

Familientraditionen und -bräuche   *Individuell/Familie*

   Verschmelzen zwei Familiengeschichten miteinander, führt jede Familie Traditionen und Bräuche der vorangegangen Generationen fort und fügt darüber hinaus einige eigene hinzu. Um diesen Vorgang innerhalb Ihrer Familie bewerten zu können, vervollständigen Sie die Fragen der folgenden Aufstellung.

Bräuche und Traditionen aus Mutters Familie	Bräuche und Traditionen aus Vaters Familie	Neue Bräuche und Traditionen, die wir eingeführt haben
1.	1.	1.
2.	2.	2.
3.	3.	3.
4.	4.	4.
5.	5.	5.
6.	6.	6.

1. Wenn Sie die Aufstellung betrachten, gibt es Traditionen oder Bräuche, die in Ihrer Familie nicht gepflegt werden, es Ihrer Meinung nach aber sollten?

2. Gibt es irgendwelche neuen Traditionen oder Bräuche, die Sie gerne einführen würden?

3. Welche Beiträge können die Kinder zum Erbe Ihrer Familie leisten?

Familiengeschichten   *Familie*

   Wenn es Ihnen Spaß gemacht hat, gemeinsam Geschichten zuzuhören oder sie zu erzählen, finden Sie hier einige Gedanken, die das Geschichtenerzählen in Ihrer Familie fördern.

1. An welche Geschichten aus Ihrem Zusammenleben mit den Eltern erinnern sich Kinder?

2. Was ist nach Meinung der Familienmitglieder der lustigste Vorfall, der sich bisher in der Familie ereignet hat und in Erinnerung geblieben ist?

3. Was ist das Schrecklichste, an das sich die Familienmiglieder erinnern?

4. Was war das Anstrengendste, das die Familie je unternehmen mußte?

5. Wann haben einzelne Familienmitglieder die übrige Familie am meisten vermißt?

6. Welches war der traurigste Augenblick, den Sie gemeinsam als Familie erlebt haben?

7. Wovon haben Sie schon einmal geträumt, an dem alle teilhaben könnten?

Übersicht über Ehekonflikte *Eltern*

Viele Streitfragen, mit denen sich Ehepaare auseinandersetzen müssen, haben ihren Ursprung in der Anpassungsfähigkeit, Bindung oder Vereinigung der Familien. Wählen Sie fünf Streitfragen aus, die in Ihrer Beziehung anscheinend immer wieder auftauchen. Legen Sie für jede fest, ob es sich dabei um ein Anpassungs-, ein Bindungs- oder ein familiengeschichtliches Problem handelt (beispielsweise den Unterschied, wie bei der Herkunftsfamilie das Problem angegangen ist). Kreuzen Sie die entsprechende Spalte an.

Meinungsverschieden-heiten auf den Gebieten:	Anpassungs-problem	Bindungs-problem	Familien-geschichtliches Problem
1.			
2.			
3.			
4.			
5.			

Zunächst fällt Ihnen vielleicht auf, daß Sie bei mehreren Gebieten in verschiedenen Spalten Kreuze setzten. Es ist auch möglich, daß immer dieselbe Spalte angekreuzt wurde. Falls ein Muster auftaucht, vergleichen Sie Ihren Überblick mit Ihren Anpassungsfähigkeits- und Bindungsprofilen. Erleichtern es Ihnen zum Beispiel irgendwelche Bereiche, wie Aussprache oder Entscheidungen, zu begreifen, wie Sie ein Problem unterschiedlich wahrnehmen? Fallen Ihnen irgendwelche parallelen Muster bei den Bewertungen der Familie Ihrer Herkunft auf? Nehmen Sie sich etwas Zeit und sprechen Sie über die Muster, die bei den Streitfragen auftauchen. Versuchen Sie nicht, die strittigen Punkte zu lösen. Konzentrieren Sie sich lieber auf den Ablauf, wieso Sie am Ende mit jemandem in Konflikt stehen. Suchen Sie sich dann eine Streitfrage heraus und prüfen Sie, ob die Perspektive Ihre Sicht des Problems verändert hat.

Kapitel 3 — Sich entwickeln

Familien verändern sich. Wenn die Kinder groß werden, brauchen sie von den Eltern Hilfe anderer Art. Eine Familie, die drei Kinder im Alter von weniger als acht Jahren hat, ist ganz anders organisiert als die gleiche Familie, wenn alle Kinder die Schule abgeschlossen haben. Wie die Familie diese Übergänge handhabt, wirkt sich entscheidend auf das Wohlergehen aller Familienmitglieder aus. Das Eheleben wird durch die elterliche Fürsorge ganz erheblich beeinflußt. Ähnlich tragen die Kinder den Stempel der Familie auch später als Erwachsene ihr ganzes Leben. Die Familie ist die erste Schule, in der wir etwas über Beziehungen, Werte und Entscheidungen lernen. Dort wird auch jeder von uns zum erstenmal mit Entwicklung und Veränderung konfrontiert. Dieses Kapitel befaßt sich insbesondere mit dem Prozeß der Entwicklung, wie sie sich im Umfeld der Familie ergibt.

In unseren gängigen Vorstellungen erscheint die Familie oft als fest und sicher. Doch jede Mutter und jeder Vater, die schon einmal die Angst eines Kindes vor dem ersten Schultag, die Qualen der Pubertät oder den Überschwang bei bestandenem Schulabschluß miterlebt haben, weiß nur zu gut, daß das Leben in der Familie alles andere als statisch ist. Auch Erwachsene machen Entwicklungskrisen mit, etwa das »Leere Nest«-Syndrom der Eltern der »Lebensmitte«. Zusätzlich gibt es in den Familien Belastungen durch einen Berufswechsel, durch den Tod der Großeltern oder einen sich einschneidend auswirkenden Umzug in einen anderen Teil des Landes. Und schließlich gibt es kaum eine Familie, die nicht von so unglücklichen Ereignissen wie Krankheit, Scheidung oder Alkoholismus betroffen ist. So bedeutet es fast schon per definitionem, Wandel und Entwicklung unterworfen zu sein, wenn man einer Familie angehört.

Wie wir gesehen haben, sind Bindung und Anpassungsfähigkeit

von zentraler Bedeutung für das Wachstum der Familie. Graphisch ergeben sie eine Art »Landkarte«, auf der man die Entwicklung der Familie verfolgen kann. Die Familienkarte ist ein nützliches Hilfsmittel, über Veränderungen in der Familie zu reden und darüber, wie sie sich auf die einzelnen Mitglieder auswirken.

Die Familienkarte

Stellen Sie sich eine Landkarte vor, auf der Sie die Längen- und Breitengrade durch Begriffe wie Anpassungsfähigkeit und Bindung ersetzen. Der Bereich der Anpassungsfähigkeit erstreckt sich in Nord-Süd-Richtung, derjenige der Bindung in Ost-West-Richtung.

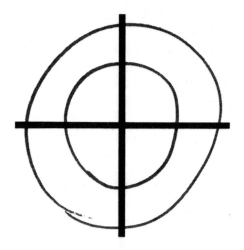

Der Bereich des Wohlbefindens in der Familie

Die Region I ist der Bereich größten Wohlbefindens. Die Familien in diesem Gebiet haben für das Alter und die Entwicklung ihrer Mitglieder die ausgewogensten Lösungen erreicht. Im allgemeinen bewegen sich diese Familien bei den verschiedenen Aspekten der Anpassungsfähigkeit (flexibel/hierarchisch) und Bindung (vereinzelt/verbunden) in der Mitte. Es gibt fünf Aspekte des Wohlbefindens, die typisch für Familien im Gebiet I sind: Zusammenarbeit, elterliche Fürsorge, Lösen von Problemen, Umgebung und ein »Wir«-Konzept. Jeder Aspekt hat für die Anpassungsfähigkeit wie die Bindung einen Unterbereich:

Anpassungsfähigkeit		Bindung
Führung	Zusammenarbeit	Nähe
Disziplin	Elterliche Fürsorge	Unterstützung
Aussprache	Lösen von Problemen	Entscheiden
Organisation	Umgebung	Gemeinsamkeit
Werte	»Wir«-Konzept	Einheit

Die Familienkarte enthält außerdem Gebiete. Jedes Gebiet stellt eine Kombination aus Anpassungsfähigkeit und Bindung dar. Die zentralen Gebiete (Gebiet I und II), die auch weitaus am stärksten bevölkert sind, spiegeln die gemäßigteren Stufen der Anpassungsfähigkeit — hierarchisch und flexibel — und der Bindung — verbunden und vereinzelt — wider. Im Gegensatz zu den zentralen Gebieten ist das Gebiet III durch Extreme gekennzeichnet. Daher halten sich auch nur wenige Familien längere Zeit im Gebiet III auf. Jede Familie kann sich zu irgendeiner Zeit an irgendeinem Punkt auf der Karte wiederentdecken, und es ist deshalb wichtig, daß man Unterschiede zwischen den einzelnen Gebieten erkennen kann.

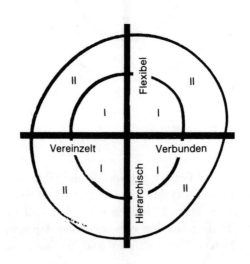

Zusammenarbeit

Zusammenarbeit ist die Fähigkeit, eine Arbeit zu erledigen und sich zu freuen, wenn man dies gemeinsam tut. Führung mit starker Hand fördert die Initiative. Jeder fühlt sich bestätigt und kann die Verantwortung für seinen Teil innerhalb der Familie übernehmen. Alle Mitglieder sind in der Lage, sich anzupassen und sich zu ändern, doch die Verpflichtung der Familie sorgt für ein Gefühl der Ausgewogenheit und Normalität. Die Familienmitglieder vertrauen darauf, daß ihre Bedürfnisse und Wünsche respektiert werden.

Elterliche Fürsorge

Zur elterlichen Fürsorge gehört, angemessene Grenzen zu setzen, gleichzeitig aber eine verläßliche Unterstützung zu gewähren. Die Eltern sind zuverlässig, realistisch und verständlich. Ihnen ist klar, daß ein Kind, das sich in der Entwicklung befindet, unter Umständen nicht zuverlässig, realistisch und verständlich ist. Elternschaft heißt oft auch hinzunehmen, daß junge Menschen Fehler machen und Hilfe brauchen, ohne daß sie das anerkennen wollen. Wirkungsvolle Fürsorge erfordert, daß die Eltern einsehen, daß für sie das gleiche gelten kann. Das Schwierigste bei der elterlichen Fürsorge ist, einem heranwachsenden Kind zuzugestehen, von den Vorstellungen der Eltern abzuweichen.

Das Lösen von Problemen

Das Lösen eines Problems beginnt mit der Erkenntnis, daß ein Konflikt weder gut noch schlecht ist noch unvermeidbar ist. Familienmitglieder können eine Übereinstimmung erzielen, wenn sie sich selbst an den Entscheidungen und der Suche nach Lösungen beteiligen. Jeder fühlt sich in seinem persönlichen Wert bestätigt und ist zuversichtlich, nicht übergangen zu werden. Diese Zuversicht ermöglicht eine hohe Konflikttoleranz und die Bereitschaft, viele Lösungsmöglichkeiten zu prüfen. Familien, die Probleme wirksam lösen, nehmen sich der Streitfragen an, sobald sie aufkommen, und lassen nicht zu, daß sich Spannungen ansammeln. Die Folge ist, daß Entscheidungen optimal getroffen werden und sehr gute Aussichten haben, auch umgesetzt zu werden.

Umgebung

Die Umgebung ist auf vielfache Art ein Spiegel der Entscheidungen, die die Familie durchgeführt hat. Ein die Umgebung betreffendes Wohlbefinden ist die Folge der Fähigkeit der Familie, vorbereitet und planmäßig zu sein und sowohl die gemeinschaftlichen wie individuellen Interessen zu berücksichtigen. Grundlegend für eine intakte Umgebung ist eine ausreichende, gemeinsame Erfahrung, die Vertrautheit zu erhalten und dennoch die Individualität zu stärken. Familienmitglieder sind sich ihrer wechselseitigen Abhängigkeit bewußt und ergreifen die Initiative, um gegen Anspannung und Aufsplitterung zu planen. Ein handfester Beweis für ein gutes Umfeld ist eine Familie, die bewußt die Zeit zusammen verbringt.

»Wir«-Konzept

Wie die Selbsteinschätzung beruht auch das »Wir«-Konzept einer Familie auf einem festen Wertsystem, das gestützt wird von Mitgliedern, die es für sinn- und bedeutungsvoll halten, zusammenzusein. Gemeinsame Bemühungen, ein gemeinsames Erbe und von allen geteilte Überzeugungen sind der Kern dieses Wertsystems. Grundlagen des »Wir«-Konzepts sind ein Bewußtsein und Stolz auf die Familie als eine dauerhafte Einheit. Am stärksten ist es, wenn alle Mitglieder eine starke gegenseitige Verpflichtung spüren.

Gebiet II

Oft kommt es zu einer Verschiebung von Region I in Region II, wenn eine Familie einem Druck ausgesetzt wird, der Veränderungen begünstigt. Der Druck kann auf familieninternen oder -externen Umständen beruhen. Dann entstehen Probleme, die in der Familie Spannungen und Konflikte auslösen können. Auch wenn Familien von Hause aus dahin tendieren, sich Veränderungen zu widersetzen, bietet die Verschiebung nach Gebiet II eine ausgezeichnete Gelegenheit, das Familiensystem schöpferisch umzugestalten. Normalerweise zeigen die Probleme, die aufkommen, wenn sich die Familienstruktur verschiebt, das Bedürfnis nach einem Wandel an, den einzelnen Familienmitgliedern oder äußeren Umständen stärker entgegenzukommen.

Das Gebiet II der Familienkarte entspricht im wesentlichen dem Gebiet I. Eine Familie im Gebiet II hat für gewöhnlich einige Probleme oder Schwierigkeiten hinsichtlich eines ganz bestimmten Aspekts des Wohlbefindens, die ungelöst bleiben. Das muß nichts Ernsthaftes sein, da es der Familie in allen anderen Bereichen gut geht. Vielleicht bedarf es nur einer kleinen Anpassung, um ein neues Gleichgewicht zu finden. Die Familie muß sich auf die problematischen Fragen konzentrieren, um zu einer Umgebung zu kommen, die möglichst viel Kraft spenden kann. Bestehen jedoch viele Probleme, die schwer zu lösen sind, kann eine Familie an die Grenzen des Gebiets III stoßen.

Gebiet III

Das Gebiet III ist eine Umgebung, die nicht so förderlich oder effektiv ist, wie sie sein sollte. Sich in diesem Gebiet zu befinden, bedeutet für eine Familie, Schwierigkeiten mit dem Wohlbefinden in fast jeder Hinsicht zu haben. Die Familienmitglieder müssen sehr viel Energie und Konzentration aufbringen, um eine Veränderung herbeizuführen. Unter Umständen braucht die Familie Hilfe, um auf der Karte einen anderen Standort beziehen zu können.

Es gibt vier ganz besonders extreme Familientypen im Gebiet III: den chaotisch-bindungslosen, den chaotisch-verstrickten, den starr-bindungslosen und den starr-verstrickten Typ. Die nachfolgende Be-

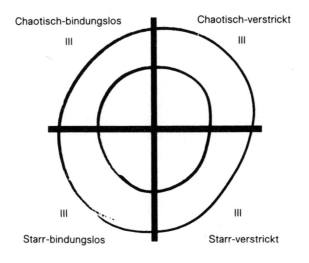

Chaotisch-bindungslos   Chaotisch-verstrickt

III   III

III   III

Starr-bindungslos   Starr-verstrickt

schreibung dieser Familien gibt ein Bild der Streitfragen, denen sich die Familien in den verschiedenen Teilen des Gebiets III gegenübersehen. Es liegt auf der Hand, daß nur wenige Familien einem dieser Typen unverfälscht entsprechen.

Chaotisch-bindungslos

Eine solche Familie zu finden, ist schwer, denn schon von der Definition her hält sie kaum etwas zusammen. Es existiert weder eine Struktur noch eine Ordnung, und auch die emotionalen Bande, die notwendig sind, um das Familienleben aufrechtzuerhalten, fehlen. Es ist so, als würde die Familie von einer Zentrifugalkraft beherrscht, die die Familienmitglieder von der Familie fortschleudert. Es ist die Theorie aufgestellt worden, daß unter anderem aus diesen Familien ein Großteil der jugendlichen Ausreißer stammt.

Weil sich die Familie in einem Zustand der Auflösung befindet, haben die Mitglieder Schwierigkeiten, ihre Arbeit zu erledigen. Jeder geht seinen eigenen Weg. Für die Kinder bestehen keine Schranken; sie werden sich vielmehr schon in sehr frühen Jahren selbst überlassen. Die Familienmitglieder wenden sich von ihren Problemen ab und verfolgen lieber ihre eigenen Interessen, anstatt die gemeinsamen Schwierigkeiten anzugehen. Der dauernde Zustand des Übergangs gibt jedem die Freiheit, sich den eigenen Angelegenheiten zu widmen. Für das Zusammensein als Familie gibt es kaum einen triftigen oder lohnenden Grund.

Chaotisch-verstrickt

Die treibende Kraft in dieser Familie ist zentripetal, nicht zentrifugal. Wie bei der chaotisch-bindungslosen Familie dreht sich auch hier alles im Kreis. Die Familienmitglieder werden jedoch in einen Sog familiärer Schwierigkeiten gezogen, die verworren und unüberwindbar sind. Es ist wie in einem Rührstück: jeder kennt die Geschichten des anderen, und es ist schwer, unbeteiligt zu bleiben. Obwohl ständig an der eigenen Energie gezehrt wird, schafft es kaum jemand, sich zu lösen.

Unfähig, etwas zu erledigen, bleiben die Familienmitglieder in höchstem Maß voneinander abhängig. Die Eltern versäumen, Grenzen zu setzen, was sich in einer Rollenumkehr bei den Kindern niederschlägt, die das Gefühl haben, irgend jemand müsse etwas unternehmen. Eltern, Kinder und Eheleute beginnen sich so zu verhalten, als wären sie eine Person. Die Schwierigkeiten türmen sich auf, was das Gefühl aufkommen läßt, daß sich die Familie in einem dauernden Krisenzustand befindet. Die Familie ist für die Mitglieder sehr wichtig, besitzt aber kaum irgendwelche Wertvorstellungen, aufgrund derer sie eine Richtung weisen könnte. Die Familienmitglieder verlassen sich daher bei ihren Entscheidungen oft auf familienfremde Normen und auch Umstände.

Starr-bindungslos

Diese Familien sind oft nur dem Namen nach eine Familie, mehr Schein als Sein. Überorganisiert und bürokratisch, mangelt es ihnen an jeder gefühlsbedingten Anteilnahme. Die Beziehungen sind leer, bar aller Empfindsamkeit, Fürsorge und Einfühlung. Die Mitglieder fühlen sich häufig gezwungen, ihre Ansprüche aufrechtzuerhalten, auch wenn die Beziehungen unbefriedigend sind. Übergangsphasen, wie die des leeren Nests, sind besonders problematisch, da sie die Einsamkeit des einzelnen hervorheben.

Ziele werden verfolgt, nicht aus Sorge um die anderen, sondern weil die Mitglieder das voneinander erwarten. Die Erwartungen sind hoch, vor allem an die Kinder, und von den Mitgliedern wird Fügsamkeit verlangt, wenn sie als Teil der Familie gelten wollen. Die Familienmitglieder tragen kaum zu Diskussionen bei, so daß Entscheidungen im allgemeinen von Einzelpersonen getroffen werden. Die Familie hat sehr strenge Wertvorstellungen, aber kaum gemeinsame Erlebnisse, die einem Leben als Familie sehr viel Sinn gäben.

Starr-verstrickt

Die starr-verstrickte Familie hat häufig eine übertriebene Vorstellung von Familienehre. Eine Entscheidung oder Werte der Familie anzugreifen, kommt einer Besudelung der ganzen Familie gleich und wird durchaus sehr persönlich genommen. Das schafft Probleme, denn der Familienkodex ist meistens ziemlich gekünstelt. Und um es noch schlimmer zu machen, fehlt der Familie auch die Beweglichkeit, die strittigen Fragen zu lösen. Stattdessen tun diese Familien oft so, als wären die strittigen Fragen in Wirklichkeit gar nicht strittig. Wer von der Familie eine solche Frage aufwirft, wird als übergeschnappt hingestellt. So bewahrt die Familie ihren Kodex.

Die starr-verstrickte Familie kann rücksichtslos wie die Mafia sein, wenn es darum geht, Familienziele zu erreichen, oft auf Kosten der Mitglieder. Extrem hohe Erwartungen werden über Generationen von allen geteilt. Die begrenzten Aussprachen haben zur Folge, daß Entscheidungen per Befehl gefällt werden, aber von allen Mitgliedern wird erwartet, daß sie sie mittragen. Vorbereitungen und Pläne werden mit solcher Konsequenz verteidigt, daß kaum Platz für eine Eigeninitiative bei einer Krise bleibt. Grundlage der mangelnden Flexibilität der Familie ist ein kompliziertes Wertsystem, das als äußerst wichtig für das Überleben der Familie angesehen wird.

Die Familienkarte lesen

Um die verschiedenen Gebiete der Familienkarte zu lesen, stellen Sie zunächst fest, wo Sie sich als Familie gegenwärtig befinden. Das können Sie mit Hilfe der Schaubilder für Anpassungsfähigkeit und Bindung machen, die Sie in den beiden ersten Kapiteln erstellt haben. Es hat sich als sehr nützlich erwiesen, wenn die Eltern zuerst über die Familienkarte sprechen und ihre Erkenntnisse dann den Kindern mitteilen. Alleinstehende Elternteile können zu ähnlichen Ergebnissen kommen, wenn sie die Hilfe eines guten erwachsenen Freundes in Anspruch nehmen, der die Familie gut kennt. In beiden Fällen fördern diese Familiengespräche eine umfassende Erkenntnis dessen, wie sich eine Familie entfaltet. Sie erleichtern außerdem ein sehr viel tieferes gegenseitiges Verhältnis, was das eigentliche Ziel des Programms ist.

Beginnen Sie damit, daß Sie eine bestimmte Zeit festlegen, um Ihre Ergebnisse zu überdenken. Wenn Sie sich über die Zeit einig sind, unternehmen Sie folgende Schritte:

1. Führen Sie die Übung zur Familienkarte am Schluß des Kapitels zu Ende.

2. Lesen Sie die übrigen Absätze, vor allem die Anregungen auf den nächsten Seiten.

3. Sprechen Sie miteinander über die Ergebnisse.

4. Teilen Sie die Ergebnisse Ihren Kindern mit — entweder im Kapitel III dieses Buches oder bei einer Familienzusammenkunft.

Zum Verständnis der Familienkarte

In den vorangegangenen zwei Kapiteln sollten Sie Ihre Familie anhand der Profile für die Bindung und Anpassungsfähigkeit bewerten. Vielleicht ist es Ihnen schwergefallen, eine bestimmte Position in den einzelnen Bereichen festzulegen. So haben Sie vielleicht erlebt, daß Ihre Familie bei einem Unterbereich der Anpassungsfähigkeit, etwa der Führung, um mehrere Punkte abgefallen ist. Machen Sie sich klar, daß Ihre Familie nicht nur ein kleiner Punkt auf der Familienkarte ist, auch wenn Sie dort für jeden Bereich eine bestimmte Bewertung abgegeben haben. Ihre Familie nimmt auf der Familienkarte wahrscheinlich eine kleine *Fläche* ein. Sie denken sich selbst am besten als etwa pfenniggroßen Kreis auf der Karte, nicht nur als einen winzigen Punkt. Die verschiedenen Familienmitglieder werden die Familie unterschiedlich beurteilen. Falls sie ziemlich nah beieinanderliegen, werden die meisten im etwa gleichen Bereich der Karte auftauchen, was zeigen würde, daß Sie alle Ihre Familie ziemlich gleich sehen. Manchmal aber bewerten einige Familienmitglieder die Familie sehr unterschiedlich. Diese Unterschiede und auch die Schwierigkeiten, die Sie bei der Beurteilung Ihrer Familie vielleicht gehabt haben, können auf verschiedene Umstände zurückgehen:

1. *Manche Situation kann eine ausgefallene Antwort bewirken.* Einige Fragen, etwa über Sexualität, Rebellion oder Unehrlichkeit, sind durch Emotionen und Wertvorstellungen derart aufgeladen, daß sie auf seiten der Familie zu ziemlich extremen Antworten führen können. Diese haben sich Ihrem Gedächtnis eingeprägt, geben aber vielleicht nicht das typische Verhalten Ihrer Familie wieder.

2. *Spannung oder Wechsel können die Umgebung der Familie verändern.* Scheidung, Tod, Stellenwechsel, Umzug — das alles sind belastende Ereignisse, die Chaos oder Stillstand genauso wie die Erschütterung einer Beziehung heraufbeschwören können. Eines der belastendsten Ereignisse, das in einer Familie vorkommen kann, ist ein Kind, das die Adoleszenz erreicht. Die Folge der Spannungen ist, daß das jetzige Verhalten unter Umständen stark von dem vor dem Ergebnis abweicht.

3. *Spannungen zwischen Eheleuten verstärken Extreme.* Machtkämpfe in der Ehe, die sich an einer Streitfrage entzünden, schaffen oft extreme Stellungnahmen. Die sich ergebende Anspannung kann sich in sehr unterschiedlicher Beurteilung des Verhaltens innerhalb der Familie niederschlagen.

4. *Entwicklungsphasen der Kinder können die Umgebung der Familie ungleichmäßig beeinflussen.* Eine Familie, die sowohl Kinder im Vorschulalter wie in der Pubertät hat, ist kaum zu beurteilen, weil die Kinder zu unterschiedliche Bedürfnisse haben.

5. *Chaotische Familien sind zu ungleichen und wechselnden Antworten in der Lage.* Es liegt in der Natur chaotischer Familien, ständig in ihren Mustern zu schwanken. Sie können durchaus zur gleichen Zeit abwechselnd verstrickt und bindungslos sein.

6. *Die Erinnerung an Krisen kann die Wahrnehmung von Familienmitgliedern beeinträchtigen.* Eine Familie kann auf eine Krise anders als auf ein Alltagsereignis reagieren. In unserem Gedächtnis aber bleibt die Krise haften. Es ist nützlich zu wissen, wie eine Familie auf eine Streßsituation reagiert, um sich Klarheit über ihre Reaktionen im Normalfall zu verschaffen.

7. *Entwicklungsstadien eines Erwachsenen beeinflussen die Umgebung der Familie.* Wenn sich Erwachsene weiterentwickeln und verändern, ändern sich unter Umständen auch ihre Bedürfnisse nach Flexibilität und Nähe der Familie. Falls sich ihre Bedürfnisse erheblich von denen der übrigen Familie unterscheiden, sind auch ihre Wahrnehmungen oft ganz anders.

8. *Ungelöste Streitfragen beim »Verschmelzen von Familiengeschichten« können Abweichungen innerhalb der Familie hervorrufen.* Eheleute aus Familien unterschiedlicher Art gehen bestimmte Situationen unterschiedlich an, wenn sie nicht ein gemeinsames System für sich erarbeitet haben. Es empfiehlt sich, den Einfluß der Herkunftsfamilie beider Eheleute zu überprüfen.

9. *Ein Ereignis, dem mehrere Personen als Zeugen beigewohnt haben, wird unterschiedlich wiedergegeben.* Nirgendwo trifft das mehr zu als in einer Familie, wo jeder Zeuge sehr viel in das Ergebnis einbringt. Das ist auch eine der grundlegenden Schwierigkeiten bei »wissenschaftlichen« Messungen des Familienlebens. Es ist eben-

falls ein kritischer Punkt, wenn Familien ihre eigenen Differenzen ausräumen.

Schließlich ist es für Sie wichtig, die Familienkarte als das zu sehen, was sie ist — eine Karte, kein Test. Sie ist lediglich eine Methode, über die eigene Familie nachzudenken und die eigenen Wahrnehmungen mit anderen Familienmitgliedern auszutauschen. Es gibt Tests, die Ihnen Ihr Lehrer eventuell vorlegt, wenn Sie an einem Programm teilnehmen. Die Karte in diesem Buch soll dabei helfen, Wahrnehmungen, die Einsicht in die Familie gewähren, mit anderen zu teilen.

Der erfolgreichste Weg, über die Karte zu diskutieren, besteht darin, sich gegenseitig Unterschiede in der Wahrnehmung zuzugestehen. Es ist nicht nötig, die Vollständigkeit der eigenen Beobachtung unter Beweis zu stellen. Es ist unerläßlich, sich bis zum Schluß zuzuhören, denn unsere Wahrnehmungen beeinflussen unser Verhalten. Die gegenseitigen Unterschiede zu respektieren, ist außerdem einer der Grundzüge des Familienlebens. Wie sich der einzelne entwickelt, wird von den Antworten anderer Familienmitglieder mitgeprägt. Die Muster der Familienentwicklung werden ihrerseits von den sich ergebenden Rollen einzelner Familienmitglieder beeinflußt.

Betrachten Sie Ihre Familienkarte. Ballen sich Ihre Bewertungen in einem Bereich oder gab es große Unterschiede? Überlegen Sie einmal, wie die Bewertungen ausgefallen wären, wenn Ihre Familie die Karte vier Jahre früher benutzt hätte. Höchstwahrscheinlich hätte es zwischen den jetzigen Bewertungen und denen von vor vier Jahren Unterschiede gegeben. Früher oder später neigen alle Familien dazu auseinanderzustreben, denn die Familienmitglieder werden reifer und entwickeln sich. Der Hauptbestandteil dieser Entwicklung ist beim Erwachsenen wie beim Kind die Suche nach der Identität. Wenn man nicht weiß, welche Rolle die Identität für die persönliche Entwicklung spielt, kann man nur schwer nachvollziehen, wie eine Familie wächst. Im Mittelpunkt des zweiten Teils dieses Kapitels steht der Identitätszyklus.

Der Identitätszyklus

Bevor Sie dieses Kapitel zu Ende lesen, sehen Sie sich bitte die folgende Liste an. Die Ausdrücke geben an, wie Menschen sich selbst sehen. Kreisen Sie sechs Bezeichnungen ein, die Ihrer Meinung nach am besten auf Sie zutreffen.

unternehmend	unsicher	Student
rebellisch	unempfindlich	zweifelnd
Einzelgänger	frei	Individualist
kooperativ	Lehrer	zielstrebig
ängstlich	zaghaft	hilflos
aggressiv	gründlich	prüfend
einmalig	abgesondert	unvoreingenommen
umsorgend	hilfsbereit	zuverlässig

Die vier Phasen der individuellen Entwicklung

So wie die Familienkarte die unterschiedlichen Erfahrungen der Familie aufdeckt, beschreibt der Identitätszyklus die Muster individueller Entwicklung. Es gibt vier Phasen in diesem Entwicklungsmodell: Einseitige Abhängigkeit, die sogenannte Gegenabhängigkeit, Unabhängigkeit, und wechselseitige Abhängigkeit. Zusammengenommen bilden sie einen Zyklus, der sich im Leben jedes Menschen viele

Male wiederholt. Der Identitätszyklus wiederholt sich ein ums anderemal, weil jeder Mensch seine Identität ständig neu bestimmt und immer aufs neue entdeckt, wer er ist. Betrachten wir zunächst die erste Phase des Zyklus, die Abhängigkeit.

Abhängigkeit

Abhängigkeit ist besonders auffällig bei kleinen Kindern. In diesem Entwicklungsstadium brauchen sie intensive Fürsorge, Aufmerksamkeit und Liebe. Selbst als Erwachsene erleben wir manchmal Umstände, die uns überwältigen oder »zuviel« für uns sind. Bei solchen Gelegenheiten würden wir am liebsten jemandem auf den Schoß krabbeln und uns festhalten lassen. Der Erwachsene braucht solche Zuflucht nur gelegentlich. Für ein Kind dagegen ist das Bedürfnis nach Hilfe immer gegenwärtig, und für seine natürliche Entwicklung auch unerläßlich. Es gibt unzählige Beweise, die belegen, daß unzureichende Fürsorge nicht nur die emotionale Entwicklung beeinträchtigt, sondern auch das körperliche Wachstum behindern kann.

Zur gleichen Zeit, da Eltern Hilfe gewähren, müssen sie auch für ein hohes Maß an Halt sorgen. Kinder brauchen Gleich- und Regelmäßigkeit, Regeln und Grenzen. Es ist wichtig für sie zu erkennen, daß sie nicht machen können, was sie wollen. Sie brauchen Beschränkungen, die sie nicht nur vor Schaden bewahren, sondern auch den Kern eines sich entwickelnden Wertsystems bilden. Den elterlichen Forderungen nachzukommen, wird zu einer der Grundlagen, anhand der die Kinder ihren Selbstwert messen.

Daß Kinder wie Erwachsene Abhängigkeitsbedürfnisse erfüllen, ist für die Entwicklung ihrer Selbsteinschätzung von entscheidender Bedeutung. Unterstützung und Bestätigung von anderen bedeutet, daß man selbst wichtig ist. Fürsorge, die Abhängigkeitsbedürfnisse befriedigt, kann Halt geben, Grenzen setzen und sogar Entscheidungen liefern. Diese Fürsorge kann sich auch dahingehend erweitern, Aufgaben zu übernehmen, die die abhängige Person selbst erledigen könnte. Wenn jemand von anderen abhängt, kann er zu dem Schluß kommen, wertvoll und geschätzt zu sein. Da Abhängigkeit aber eine schwierige Position ist, streben wir sehr bald danach, unabhängig zu sein. Zuvor jedoch müssen wir ein anderes problematisches Stadium durchlaufen, die Gegenabhängigkeit.

Gegenabhängigkeit

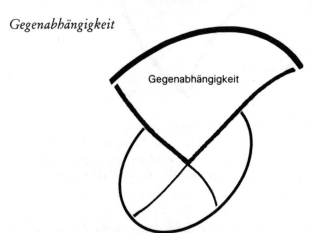

Die Gegenabhängigkeit setzt ein, wenn ein Kind zum erstenmal seinen Eltern gegenüber das Wort »nein« äußern kann. Oft zeigt sie sich erstmals in den mittleren Klassen der Grundschule und hat sich bis zur Adoleszenz voll entfaltet. Es ist eine Zeit, in der Urteil und Autorität der Eltern meist ernstlich herausgefordert werden, um »meine eigenen Entscheidungen zu treffen«. Junge Menschen übertreiben ihr Bedürfnis, nicht länger abhängig zu sein, was sie aber tatsächlich noch immer sind.

Wenn Kinder gegenabhängig sind, fühlen sich die Eltern oft mißverstanden, nicht richtig gewürdigt, abgelehnt und angeklagt. Es ist so, als hieße erwachsen sein ungerecht sein. Befindet sich die Auseinandersetzung auf dem Höhepunkt, verlieren die Eltern das Bedürfnis der jungen Leute nach Auseinandersetzung aus den Augen. Die Eltern machen sich Sorgen, ob sie das Richtige tun und haben unter Umständen den Eindruck, ihr Kind arbeite gegen sie.

Ähnlich verlieren sich die Jugendlichen in den Stürmen und Spannungen der Adoleszenz. Sie erhalten Unterstützung und Richtung aus einer neuen Quelle, von den Peer-groups. Die Freunde sind plötzlich wichtiger als das Zuhause. Nicht nur die zu Hause verbrachte Zeit nimmt ab, auch das emotionale Engagement erscheint geringer. Die Gegenabhängigkeit ist ein notwendiges, überzogenes Extrem, das für eine gesunde Selbsteinschätzung unerläßlich ist.

Wie die Abhängigkeit bleibt auch das Bedürfnis nach Unterstützung und Zustimmung von anderen während der Gegenabhängigkeit bestehen. Zusammen mit aufkommenden Bestrebungen, sich selbst auszudrücken, möchte der Gegenabhängige eine Absicherung seines Selbstwertes. Das Erproben von Grenzen und Verhältnissen ist ein Weg, die eigene Urteils- und Selbstbestimmungsfähigkeit zu erkunden. Wenn der Gegenabhängige Fehler macht, Grenzen überschreitet oder Herausforderungen von sich gibt, braucht er doch immer noch die Gewißheit, ob er noch annehmbar ist. Das gilt sowohl für Kinder wie für Erwachsene.

Unabhängigkeit

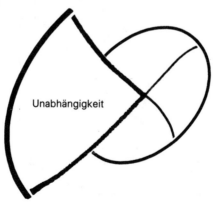

Unabhängigkeit

Unabhängigkeit ist eine Zeit, in der man sich Selbständigkeit und Identität aufbaut. Ob auf der Schule, beim Militär oder am Arbeitsplatz, der junge Mensch muß lernen, sich fern der Familie auf sich selbst zu stellen. Wenn er es gut trifft, hat er die Möglichkeit, allein zu leben. Er muß lernen, gerne alleine und verantwortlich für sich zu sein.

Ein besonders wichtiger Schritt in der Entwicklung jedes Menschen ist zu lernen, allein oder getrennt von anderen zu sein, und dies als Teil der Erfahrungen über Beziehungen zu sehen. Viele primitive Gesellschaften haben ausgeklügelte Übergangsriten, die eine solche Erfahrung verlangen. Das Ziel ist, die Fähigkeit zu entwickeln, sich selbst zu bejahen und Selbstvertrauen zu bekommen. Unabhängigkeit entsteht, wenn man Zustimmung und Unterstützung von anderen zwar begrüßt aber nicht darauf angewiesen ist. Die Fähigkeit, mehrere Seiten zu besitzen, hängt zusammen mit einer realistischen Einschätzung der eigenen Grenzen und Möglichkeiten.

In der Phase der Unabhängigkeit kann auf die eigene Person gerichtete Energie auf persönliche Vorhaben konzentriert werden. Sichtbarer Erfolg schafft ein Gefühl persönlicher Befähigung und ein Selbstwertgefühl (»Das habe ich selbst gemacht«). Eigene Erfahrungen erzeugen eine positive Selbsteinschätzung, die sicher und realistisch ist. Dieser Schritt ist unentbehrlich, um in die nächste Phase des Zyklus einzutreten, die wechselseitige Abhängigkeit.

Wechselseitige Abhängigkeit

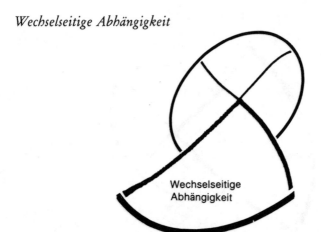

Wechselseitige
Abhängigkeit

Wechselseitige Abhängigkeit oder Interdependenz ist die Fähigkeit, die eigene Einmaligkeit richtig einzuschätzen, sich gleichzeitig aber intensiv mit anderen zu beschäftigen. Sie erfordert eine gefestigte Selbsteinschätzung, das Ergebnis positiver Erfahrungen mit der

Unabhängigkeit. Es ist eine Periode, in der keine Abhängigkeitsbe-dürfnisse die Einstellung beeinträchtigen, die jemand zu sich selbst hat. In schweren Zeiten kann sich jemand auf andere stützen und zu-versichtlich sein, nicht seine Identität zu verlieren. Ein sicheres Ge-fühl der eigenen Identität erhöht das Vermögen, andere Standpunkte zu beziehen. Abweichungen sind nicht bedrohlich. Die Verantwor-tung für das eigene Verhalten stellt sich von selbst ein.

Bei gleichrangigen Personen, wie zum Beispiel in der Ehe, muß je-der seinen Bereich, sein Territorium oder seine Rolle bestimmen, wo er stark und unabhängig sein kann. Das ist eine feste Grundlage, auf der Vertrautheit, Anerkennung und Selbstschätzung gedeihen kön-nen. Sie sollte über beruflichen Erfolg, Freunde und Kinder hinaus-gehen. Jedem in der Ehe einen Platz zuzugestehen, ist für die Inter-dependenz aller Beteiligten von größter Bedeutung.

Ein weiteres charakteristisches Merkmal der wechselseitigen Ab-hängigkeit ist die Fürsorge. Die interdependente Person ist verläßlich und kann lehren und sorgen, ohne befürchten zu müssen, irgend et-was zu verlieren. Es ist die sich gegenseitig stützende Art, die die Be-ziehungen der Menschen kennzeichnet, die zu sich selbst gefunden, sich einen »emotionalen Ort« oder eine Identität geschaffen haben und sich in der Nähe und Fürsorge des anderen wohl und dankbar fühlen. Sie sind freier und beweglicher, weil sie in einem Netz aus Bindungen verwurzelt sind. Sie haben einen eigenen Kern entwickelt, auf den man bauen kann.

Für Kinder, deren Abhängigkeitsbedürfnisse echt und deren Iden-tität nicht restlos festgelegt ist, ist das Zusammenleben mit Eltern, die eine hohe Stufe wechselseitiger Abhängigkeit erreicht haben, ein zen-traler Punkt. Die Fürsorge fördert den Selbstwert. Die Eltern sind si-cher in ihrem Identitätsgefühl und den Verpflichtungen untereinan-der. Sie schätzen richtig ein, was es heißt, ein Kind zu sein. Sie müs-sen nicht fordern, daß ihre Kinder Abbilder ihrer selbst werden. Die Kinder dürfen anders sein, ihre Eigenheiten entwickeln und letztlich ihre eigene Identität gestalten.

Die Fähigkeit einer interdependenten Person, sich zu bejahen, be-günstigt die Zusammenarbeit mit anderen, ohne ein Gefühl der Be-drohung aufkommen zu lassen. Sie hat ein Gefühl für das Gesamtbild und die Wechselseitigkeit der Beziehungen. Die Interdependenz ist eine wichtige Entwicklungsphase, da sie verlangt, auch andere als die eigenen Gesichtspunkte zu prüfen. Vor allem setzt sie die Bereitschaft voraus, die eigene Verantwortung für Probleme in einer Beziehung zu erkennen und zu übernehmen und für Besserung zu sorgen, falls Schaden entstanden ist. Anderen zu helfen, Vielfalt anzuerkennen und voneinander abweichende Bedürfnisse zu integrieren, steigert das Selbstgefühl eines Menschen noch mehr. Wie die anderen Phasen des Identitätszyklus bietet auch die wechselseitige Abhängigkeit eine Gelegenheit, sich zu entwickeln.

Auf der Suche nach Identität

Die Suche nach der Identität ist für alle Familienmitglieder ein lebenslanger Prozeß. Der Identitätszyklus jedes Mitglieds schwankt zwar in Stärke und Geschwindigkeit, zielt aber immer darauf ab, das Bild zu entfalten, das man von sich selbst hat. Ein beständiger Faktor bei diesem Prozeß ist die Integration von Erkenntnissen aus der Vergangenheit über sich selbst mit einem neuen, gesteigerten Bewußtsein.

Der Zyklus hat einen Grundrhythmus. Bei der Abhängigkeit sucht man nach Bestätigung und Führung durch andere. Die Gegenabhängigkeit ist ein Stadium, in welchem man versucht, die Quellen der Bestätigung und Führung von äußeren in innere Quellen umzuwandeln. Sie ist gekennzeichnet durch das Ausprobieren neuer Wege und alter Grenzen und das Suchen nach neuen Hilfsquellen. Aus dieser erweiterten Erfahrung entsteht die Unabhängigkeit. Unabhängigkeit schließt die Fähigkeit der Selbstbestätigung und -lenkung ein. Man braucht niemanden mehr, der unterstützt, führt oder gar zustimmt.

Die wechselseitige Abhängigkeit behält die Selbstbestimmung bei, fügt aber den neuen Bereich hinzu, der Bestätigung und Führung für andere garantiert. Sicher in einem zuversichtlichen Selbstgefühl, kann sich die interdependente Person anderer annehmen und ihnen helfen, ohne jene harterarbeiteten Eigenschaften zu verlieren oder abzuschwächen, die nur ihr eigen sind. Die Herausforderung wird tatsächlich zu einer fortwährenden Quelle des Wachstums. Der Kreis schließt sich, da nun ein vollentwickelter Kern persönlicher Integrität zu einer Quelle der Unterstützung, Führung und Gestaltung für andere wird.

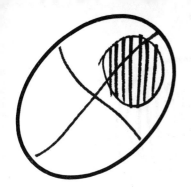

In jedem Lebensabschnitt neigt der Mensch dazu, eine, manchmal auch zwei Phasen seines Identitätszyklus zu betonen. Sehr kleine Kinder beispielsweise befinden sich überwiegend noch in der Abhängigkeitsphase, wenngleich sie auch regelmäßig gegenabhängiges Verhalten an den Tag legen können. Teenager können betont Gegenabhängigkeit zeigen, gleichzeitig aber auch viele unabhängige Verhaltensweisen. Aber selbst wenn das Schwergewicht auf ein oder zwei Phasen liegt, lassen die meisten Kinder, Jugendlichen und Erwachsenen Verhaltensweisen auch der anderen Phasen erkennen. Im übrigen verschiebt sich mit dem Gang eines Menschen durch seinen Identitätszyklus auch die Phase, die für ihn gerade im Vordergrund steht.

Doch auch wenn jemand den Identitätszyklus durchlaufen hat, ist er nicht gänzlich entwickelt. Vielmehr schwindet mit den sich wandelnden Umständen — Muster werden zur langweiligen Routine, neue Möglichkeiten kommen auf, Vorlieben wechseln — die Annehmlichkeit stabiler interdependenter Beziehungen. In Verbindung damit beginnt jemand meistens einen neuen Zyklus bei seiner lebenslangen Suche nach Identität. Tatsächlich endet diese Suche nie.

Kindheit und Identitätszyklus

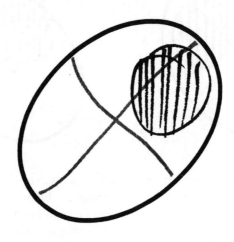

Ein kleines Mädchen spielt. Sie klettert ihrer Mutter auf den Schoß und kuschelt sich an sie. Sie mag die Behaglichkeit und die Wärme, doch schon bald springt sie wieder hinunter. Die Mutter sagt ihr, sie solle ihren Bär aufheben, worauf sie erwidert: »Nein, ich will nicht.« Die Mutter besteht jedoch darauf, und sie räumt ihren Bär mit einem Anflug von Verachtung für die Aufgabe weg. Dann fragt sie, ob sie baden dürfe. Die Mutter erlaubt es. Beim Baden wird das Mädchen jedesmal sehr böse, wenn die Mutter die Wassertemperatur prüft und die Ohren des Mädchens untersucht. Der Grund: sie möchte es selbst machen. Nach dem Bad sitzt sie behaglich auf dem Schoß ihrer Mutter und läßt sich die Haare trocknen. Sie spürt die Fürsorge der Mutter. Als sie fertig sind, fragt sie, ob sie der Mutter beim Zusammenlegen der Wäsche helfen darf. Zehn Minuten hilft sie, Waschlappen und Handtücher zu falten. Als ihr das langweilig wird, fängt sie wieder an zu spielen.

Im Verlauf etwa einer Stunde hat dieses kleine Mädchen sämtliche Phasen des Identitätszyklus erfahren: Abhängigkeit, Gegenabhängigkeit, Unabhängigkeit und wechselseitige Abhängigkeit. Ein solches Erlebnis ist für Kinder nichts Besonderes. Wenn sie Fürsorge, Hilfe und Halt suchen, um Unterstützung bitten oder Aufmerksamkeit erheischen, fühlen sie sich abhängig. Widerstand gegen Verantwortung und elterliche Forderungen ist Gegenabhängigkeit. Die Bemühungen, etwas allein zu meistern, sind ein Zeichen von Unabhängigkeit. Die Ansätze bei der gemeinsamen Beschäftigung und beim Zusammensein sind wechselseitige Abhängigkeit. Für Eltern, die ihre Kinder heranwachsen sehen, ist es, als wären sie in einem Konzert. In einer Aufführung stehen bei den verschiedenen Sätzen unterschiedliche Instrumente im Vordergrund. In der folgenden Darstellung sind mehrere Verhaltensweisen aufgeführt, die Kinder zeigen, wenn sie sich in verschiedenen Phasen des Identitätszyklus befinden.

Abhängigkeit

Wunsch, in den Arm genommen, gehalten und gestreichelt zu werden. Großes Bedürfnis nach Aufmerksamkeit. Bitten um Hilfe in vielen Formen, z. B. Kleidungsstücke herausholen, Essen zermantschen, frei gestaltbare Projekte für die Schule durcharbeiten. Wunsch, gesagt zu bekommen, daß man gut, beliebt und tüchtig ist. Bedürfnis nach Einschränkungen durch die Eltern, um gefährliches, unangemessenes oder selbstzerstörerisches Verhalten zu verhindern.

Gegenabhängigkeit

Übergehen, Ablehnen und Anzweifeln elterlicher Forderungen. Gefühlsausbrüche und abstoßendes Verhalten, um den von den Eltern gesetzten Grenzen Widerstand zu leisten. Disput über das, was »fair« ist. Versuche, die Schuld anderen zuzuschieben – vor allem den Geschwistern. Errichten von Territorien – Kümmer-dich-um-deine-Sachen-Mentalität. Frühe Versuche, von zu Hause wegzulaufen. Vergleiche mit dem, was andere Kinder zu Hause bekommen. Ausspielen eines Elternteils gegen den anderen. Nicht verantwortlich sein wollen für Arbeiten oder dafür, anderen zu helfen.

Unabhängigkeit

Für sich allein spielen. »Ausschmükken« des eigenen Zimmers. Erste Besorgung im Laden, Wanderung oder Fahrradfahrt, bei der das Kind allein ist. Versuche, es »selbst« zu machen. Hobbys, Sammlungen, Pläne oder besondere Fertigkeiten selbst entwickelt, die persönliche Aussagen über den Betreffenden selbst machen. Wege ersinnen, sich zu amüsieren. Schöpferische Anstrengungen, »etwas auf die Beine zu stellen«, sei es Literatur, Gesang oder Kunst. Das erste Buch selbst lesen. Erkennen, daß man sich von anderen Kindern unterscheidet, ist der erste Schritt zur Selbsterkenntnis.

Wechselseitige Abhängigkeit

Lernen, im Team zu spielen. Bemühungen, den Eltern und anderen Familienmitgliedern zu helfen. Besonderes tun, um die Eltern zu umsorgen; spezielle Geschenke und Anerkennung dessen, was die Eltern getan haben. Zusammenarbeit bei Schulaufgaben. Besondere Aufgaben in der Schule, Kirche und Gemeinschaft übernehmen. Erkennen, wenn die Eltern und andere Familienangehörige angespannt sind und zu helfen versuchen. Machen, was verlangt wird.

Adoleszenz und Identitätszyklus

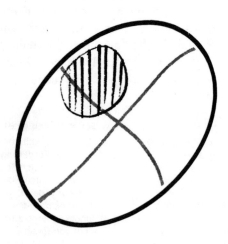

Die Adoleszenz scheint der schwierigste Lebensabschnitt zu sein. Das hat seinen Grund vor allem in der Vielfalt der Fertigkeiten und Verhaltensweisen Erwachsener, die die Heranwachsenden zu meistern suchen. Aus der Forschung wissen wir, daß das Erproben der Grenzen und Verletzen von Regeln Teil der Versuche ist, sich neue Fähigkeiten anzueignen. Piloten beispielsweise machen eine Phase durch, in der sie, wenn sie ein gewisses Maß an Selbstvertrauen gewonnen haben, die Grenzen ihres Könnens über die Marken hinaus verschieben, die in ihrer Ausbildung vorgeschrieben sind. Diese vorhersehbare Phase macht sie gefährlicher als Anfänger, die sich so etwas nicht zutrauen, und alte Hasen, die das nötige Urteilsvermögen haben, um es besser zu wissen.

Die Heranwachsenden machen diese Erfahrung in ihrem Leben auf verschiedenste Art. Daher ist die Adoleszenz auch oft die Zeit, in der die Familie den stärksten Spannungen ausgesetzt ist. In der folgenden Darstellung sind einige Verhaltensweisen aufgeführt, die Heranwachsende in den einzelnen Phasen des Identitätszyklus zeigen.

Abhängigkeit

Angst vor Versagen, vor allem im Beisein Gleichaltriger. Wunsch, bei neuen Unternehmungen ermuntert und getröstet zu werden, wenn sie sich als Fehlschlag erweisen. Bedürfnis nach Richtlinien für Leistung und Erfolg. Hilfe von Gleichaltrigen und anderen Erwachsenen außer den Eltern bekommt zunehmend Bedeutung als Modell, als Quelle der Unterstützung und Bestätigung und als Zeichen der eigenen Einmaligkeit. Empfänglichkeit für die Meinung anderer geht weit über die eigene Familie hinaus.

Gegenabhängigkeit

Ständiges Herausfordern und Ablehnen der von den Eltern gesetzten Grenzen. Kritik an Entscheidungen der Eltern und der Erwachsenen allgemein. Gefühl, nicht genügend beachtet zu werden — beleidigt, wenn gute Arbeit nicht zur Kenntnis genommen wird. Überempfindlich gegen Kränkungen oder Bemerkungen, die persönlich genommen werden können. Bestrebungen, Unterschiede durch Kleidung, Sprache und Verhalten hervorzuheben. Unterstützung von Gleichaltrigen gesucht. Starke Neigung, Dinge zu tun, bevor sie ausgereift oder gar sicher sind. Bedrohung durch bevorstehenden Unabhängigkeitsstatus. Wunsch, »eigene« Entscheidungen zu treffen. Verstärkte Kritik an Lebensart, Werten und Hochmut der Erwachsenen. Abneigung, Verantwortung »aufgeladen« zu bekommen.

Unabhängigkeit

Alles, was zum erstenmal gemacht wird, der Führerschein, die erste weite Reise ohne die Familie, die erste Stelle. Eigene Leistungen im Sport, in der Schule und in Vereinen. Ein Tagebuch führen. Kleidung selbst aussuchen. Sich allein in einem Zimmer aufhalten. Wachsendes »Selbstbewußtsein« hinsichtlich Wertvorstellungen, Fähigkeiten und Grenzen. Neues Verständnis der eigenen Sexualität. In der Lage, bei nur minimaler Beteiligung der Eltern auf sich selbst zu achten.

Wechselseitige Abhängigkeit

Erkennen des Einflusses, den das Verhalten auf andere Familienmitglieder und Gleichaltrige hat. Mitarbeit an Kirchen-, Schul- und Gemeindeprojekten, um anderen zu helfen. Auf jüngere Geschwister aufpassen. In besonderen Fällen für die Eltern einspringen. Entwicklung der Fähigkeit, Teamarbeit oder Gemeinschaftsprojekte durchzuführen. Erste Arbeitsversuche, die Zuverlässigkeit und das Arbeiten mit anderen verlangen. Öffentliche Anerkennung der Beiträge anderer vor der Familie, Gleichaltrigen und anderen Erwachsenen. Irrtümer zugeben und etwas deswegen unternehmen.

Spannungen sind ein Teil der Veränderungen während der Entwicklung, gleichgültig ob bei Kleinkindern, Heranwachsenden oder Erwachsenen. Kinder in der Entwicklung brauchen Regeln und Halt, aber die Grenzen werden in Frage gestellt und ausprobiert. Wer als Eltern die »schrecklichen« ersten zwei Jahre und mehr hinter sich hat, wird das bestätigen können. Einem Kleinkind Halt zu geben, kann eine anstrengende Aufgabe und ein undankbarer nervlicher Streß sein. Sich mit einem Heranwachsenden abzuquälen, der Druck ausübt, kann ebenfalls ziemlich hart sein. Die dauernden Bemühungen des Kindes, seine von den Eltern unabhängige Identität aufzubauen, sind gekoppelt mit den Ängsten der Eltern und vielleicht ihren Minderwertigkeitsgefühlen bezüglich ihrer Rolle. Der Versuch, mit der Gegenabhängigkeit von kleineren Kindern oder Teenagern fertig zu werden, kann ein mühevolles Unterfangen sein. Schwieriger ist vielleicht nur noch, selbst Kind zu sein.

Es gibt einige Punkte, deren Beachtung den Eltern helfen kann, die Dinge im richtigen Verhältnis zu sehen. *Erstens:* Wenn Sie glauben, sich in einer Auseinandersetzung zu befinden, dann sind Sie es auch. Das Herausfordern der elterlichen Grenzen bedeutet, daß das Kind sich planmäßig entwickelt. Läßt es nämlich während des Reifeprozesses diese Herausforderungen vermissen, sollten die Eltern aufpassen. Heranzuwachsen ist im wesentlichen der Vorgang, die eigene Identität herauszubilden. Ein Kind, das die elterlichen Grenzen nicht erprobt, kann in seiner Entwicklung behindert sein.

Zweitens: Die Auseinandersetzung ist weder gut noch schlecht, sie existiert einfach. Wenn ein Kind gegenabhängig ist, sollten die Eltern wissen, daß das nicht bedeutet, daß sie schlecht oder Versager sind oder das Kind versucht, sie hereinzulegen. Schlechtes Verhalten kann vielmehr als eine Gelegenheit aufgefaßt werden. »Gut« ist nicht das Kind, das gehorsam ist, und »schlecht« nicht das, welches sich danebenbenimmt. Die Eltern können statt dessen davon ausgehen, daß ihr Kind ausprobiert, wie weit es gehen kann, was für die Entwicklung unbedingt notwendig ist.

Seien Sie sich aber der hervorragenden Taktiken bewußt, die die jungen Leute beherrschen, wenn sie sich den Eltern widersetzen wollen. Gerry Patterson, der bekannte Verhaltensforscher, hat herausgefunden, daß die Methoden der Kinder, den Forderungen ihrer Eltern aus dem Weg zu gehen, ungewöhnlich erfolgreich sind. Wenn ein Kind jammert und weint, wirkt das in 31 Prozent der Fälle. Noch wirksamer ist, wenn es mit Schaum vor dem Mund kreischt und schreit und Wutanfälle bekommt; das wirkt in 33 Prozent der Fälle. Übergeht ein Kind aber die wiederholten Bitten, geben die Eltern schließlich in zwei Dritteln aller Fälle auf.

Für eine Mutter, die sich in Auseinandersetzungen darüber verliert, daß ihr Kind die Kleider wegräumt, sein Zimmer sauberhält und rechtzeitig zum Essen kommt, ist kaum zu erkennen, daß diese Streitfragen gar nicht die wirklichen Fragen sind. Betrachten Sie einmal Eltern, die vier Kinder haben. Wenn sie beim vierten angelangt sind, sind sie sehr viel gelassener geworden, wenn es darum geht, Grenzen zu setzen. Dank ihrer Erfahrung wissen sie auch, worauf sie bestehen müssen. Aus ihrer Erfahrung ist ihnen in Erinnerung, daß die Auseinandersetzungen vorübergehen.

Abhängigkeitsfragen enden aber keineswegs gleichzeitig mit der Elternschaft. Eltern schicken ihre Kinder vielleicht erst dann aus dem Haus, wenn sie sich um die älteren Angehörigen kümmern müssen, deren Gesundheitszustand sich verschlechtert haben kann. Einen älteren Menschen zu versorgen, läßt viele der alten Abhängigkeitsprobleme wieder aufleben. Bei dem krampfhaften Versuch, die eigene Würde und Selbstachtung zu bewahren, kann ein behinderter älterer Mensch außergewöhnlich ablehnend auf die aufdringliche Fürsorge seiner erwachsenen Kinder reagieren. Wenn ein älterer Mensch darauf besteht, etwas »selbst« zu machen, hat er zwar seine lebenslangen Leistungen vor Augen, kann sich aber über seine gegenwärtige wirkliche Lage unter Umständen sehr täuschen. Die Situation gleicht, Ironie des Schicksals, der des Heranwachsenden.

Dadurch daß sich ein Erwachsener eine Entwicklungsperspektive bewahrt, kann er das Wachstum als Wechselspiel verschiedener Zyklusphasen betrachten. Es muß kein Wettbewerb mit Gewinnern oder Verlierern sein, bei dem der Selbstwert auf dem Spiel steht. Wenn er diese Identitätsphasen als natürlichen Bestandteil der Entwicklung von Kindern, Heranwachsenden und sogar Älteren anerkennt, gelingt es ihm vielleicht auch, die eigenen Identitätsphasen als Erwachsener richtig einzuschätzen.

Erwachsenenalter und Identitätszyklus

Die Flut von Büchern und Artikeln über Erwachsenenkrisen und die »Lebensmitte« hat ganz deutlich gezeigt, daß die Suche nach der Identität sich im Leben des Erwachsenen fortsetzt. Aus den Forschungsergebnissen geht hervor, daß dieser Prozeß beim Erwachsenen im wesentlichen dem bei heranwachsenden Jugendlichen gleicht. Bei einer Gruppendiskussion über den Identitätszyklus stellte einer der sich im mittleren Alter befindenden Schüler fest: »Ich habe das 23mal gemacht!« Wie jüngere Leute können auch Erwachsene in verschiedenen Bereichen des Lebens gleichzeitig in allen vier Zyklusphasen sein.

Erwachsene werden oft abhängig, wenn eine ungewöhnliche oder unerwartete Belastung auftritt: sich nach dem Verlust eines geliebten Menschen oder einem ähnlich erschütternden Ereignis in seinen Empfindungen verwundet oder überwältigt zu fühlen, ist natürlich und angemessen. Sogar ein besonders anstrengender Tag kann den Wunsch hervorrufen, sich an jemanden zu lehnen und sich geborgen zu fühlen. Würde man als Kind nicht umhegt, fiele es einem vielleicht schwer, Hilfe zu suchen. In unserer Zivilisation haben es die Männer am schwersten im Umgang mit ihren Abhängigkeitsgefühlen, denn der Mann gilt als stark und unverwundbar. Wir haben gelernt, daß mit eiserner Faust auf Streß zu reagieren, zu einem frühen Tod führt, und das ist ein hoher Preis.

Abhängigkeitsgefühle treten auch auf, wenn man etwas Neues in Angriff nimmt. Eine neue Stelle oder auch nur ein neues Hobby oder eine Sportart erfordert, ganz unten anzufangen, wobei meistens jemand als Kontrolleur oder Lehrer fungiert. Im allgemeinen sind wir in diesem Stadium dankbar für jede Hilfe und besorgt, wenn niemand in der Nähe ist, der sie uns gewähren kann.

Sogar die Liebe kann Abhängigkeit erzeugen. Wissen Sie noch, wie Sie sich verliebt haben? Die Entdeckung an sich, die Aufregung und die Sorge waren so gewaltig, daß Sie nicht getrennt sein wollten. Sie konnten nicht ohne den anderen sein und dachten nur daran, wann Sie das nächstemal wieder zusammensein würden. Diese Augenblicke waren ein »berauschendes« Erlebnis und werden wie ein Schatz in unserer Erinnerung bewahrt.

Gegenabhängigkeit bei Erwachsenen ist leicht feststellbar. In ihrer gemäßigten Form äußert sie sich vielleicht in Langeweile über das ewig gleiche Einerlei und gelinder Verärgerung über unnötige Beschränkungen. In der Ehe erscheint sie vielleicht als Enttäuschung über das Beengende für Eltern und Verheiratete, was die Form strenger Kritik am Ehepartner und den Kindern annehmen kann. Am Arbeitsplatz ist sie eventuell der Wunsch nach mehr Verantwortung oder sogar, sein »eigener Herr« zu sein.

Das Streben nach Unabhängigkeit ist sehr stark eine Suche der Erwachsenen nach Identität. Etwas selbst und ohne die Hilfe anderer zu schaffen, wird kommentiert mit »es machen« oder »es geschafft haben«. Man braucht keinen Berater mehr. Ein Selbstgefühl entwickelt zu haben, gibt einem die Freiheit, andere zu unterstützen.

Bei der wechselseitigen Abhängigkeit erkennt der Erwachsene, daß sich nicht nur andere Menschen auf ihn verlassen, sondern daß auch er auf andere bauen muß. Er gewährt anderen nicht nur Unterstützung und Schutz, sondern empfängt beides auch von anderen. Die Folge dieser Erkenntnis ist ein ausgeprägter Sinn für die wechselseitige Beziehung zum Ehepartner, zu den Kindern, den Verwandten und anderen. Typische Verhaltensbeispiele für die einzelnen Phasen des Identitätszyklus beim Erwachsenen zeigt die folgende Tabelle.

Abhängigkeit

Wunsch nach Behaglichkeit und Umsorgtsein in Zeiten der Belastung und Überbeanspruchung. Bitte um Hilfe, wenn überwältigt und schutzlos, oder wenn eine neue Laufbahn, Arbeit oder Lebensphase begonnen wird. Suche nach Selbstbewußtsein, wenn es um Zuständigkeit, Anziehungskraft und Werte geht, und Suche nach Unterstützung an kritischen Punkten in wichtigen Entscheidungen. Freunde und Vorbilder als Orientierung. Gefühl des Gelähmtseins bei Kummer und Katastrophen. Wunsch, daß jemand anderes für einige Zeit einspringt. Übernahme der Verantwortung für Abhängigkeitsbedürfnisse bei anderen Erwachsenen und Kindern — danach fragen, was sie wollen.

Gegenabhängigkeit

Schnelles Identifizieren mit den Benachteiligten. Sachen unterstützen, die systemfeindlich sind. Ungeduld gegenüber Forderungen der Familie und beim Sorgen für andere. Verachtung für berufliche oder geschäftliche Praktiken und Regeln. Wunsch, sein eigener Herr zu sein und äußerst kritisch gegenüber den gegenwärtigen Überwachern. Forderung nach eigenem Zimmer oder Abstand. Drastische Veränderungen in Kleidung, Sprache und Lebensweise. »Existenzkrisen«, in denen die Lebenswerte neu überdacht und herausgefordert werden. Vorbilder in Frage stellen, Midlifecrisis und Bemühungen, Jugendlichkeit mit Hilfe junger Leute als Vorbild wiederzugewinnen. Widerstand dagegen, etwas auf neue Art zu machen, auch wenn sie offensichtlich besser ist. Versuch, gegen das System anzutreten, um der persönlichen Verantwortung auszuweichen.

Unabhängigkeit

Längere Perioden allein verbringen. Anhaltende schöpferische Bemühungen in handwerklichen Dingen, Hobby, wissenschaftlichen oder beruflichen Belangen. Zufriedenheit mit der Wahl der Lebensart, Stellung oder Werte, die äußerst unpopulär ist. Beanspruchen eigener Räumlichkeiten als Aussage über sich selbst. Beherrschen einer Reihe von Fähigkeiten oder eines umfangreicheren Wissensgebietes. Einen Berufs- oder Stellenstatus errichten. Vollentwickelte Fähigkeit, für sich selbst zu sorgen. Etwas für sich selbst und seine Selbsterneuerung tun.

Wechselseitige Abhängigkeit

Ehe gibt die Freiheit, vom anderen abhängig zu sein und ihm zu helfen, ohne sein Selbst zu verlieren. Elternschaft schließt Umsorgen und sogar Annahme von Hilfe ein, was das Selbstgefühl und auch das Bewußtsein für Beziehungen steigert. Fähigkeit, anderen zugefügten Schaden zu erkennen und für Besserung zu sorgen. Als kooperativer Partner im Berufs- und Gemeindeleben fungieren. In der Lage, das System zu nutzen, um persönliche Bedürfnisse und die Wünsche anderer zu befriedigen. Kann zum Ganzen beitragen, ohne die eigene Richtung zu verlieren.

Der Berufsweg meines Vaters ist ein gutes Beispiel für die komplizierten und verschlungenen Pfade der Identitätszyklen eines Erwachsenen. Er brauchte 30 Jahre seines Lebens, um sich einen Namen als

Ausbilder von Hunden zu machen. Tagelang habe ich ihm manchmal zugesehen, wie er mit den verschiedensten Hunden arbeitete — mit Jagd-, Zirkus-, Blinden- und Wachhunden. Es machte ihm Spaß, und er brachte sogar im örtlichen Fernsehen und in Zeitungen Berichte darüber.

Mit 50 wurde er unruhig. Er fing an, über einen Beruf zu schimpfen, der bis ans Lebensende körperliche Arbeit verlangte. Eines Tages erklärten meine Eltern, daß er das Geschäft mit den Hunden aufgebe. Tatsächlich bildete er sich zum Elektroingenieur aus und startete eine neue Karriere. Er gründete ein gutgehendes Elektrogeschäft. Gleichzeitig lernte er gewissenhaft einen jungen Mann an, der die Ausbildung der Hunde übernehmen sollte.

Das eigenartige an der Geschichte ist das Ende. Als er auf die 65 zuging, fing er an, am Geschäft mit all seinem Streß und den zeitlichen Anforderungen herumzumäkeln. Uns war sofort klar, er würde sich aus der Welt der Glühbirnen zurückziehen und einen jungen Mann einarbeiten, der das Geschäft übernehmen konnte. Er nahm einen dritten beruflichen Anlauf, diesmal als Pferdetrainer. Ungeachtet aller offensichtlichen Elemente von Gegenabhängigkeit, Unabhängigkeit und wechselseitiger Abhängigkeit folgte so die wundersame Rückkehr zu den Tieren.

Die Reintegration von Lebensthemen ist von zentraler Bedeutung für das Verständnis der Entwicklung Erwachsener und von Identitätsfragen. Die erneute Bestätigung der Liebe meines Vaters für Tiere ist ein hervorragendes Beispiel. Er verwarf diesen Teil von sich, nur um ihn später wieder an sich zu ziehen. Im Interesse der Veränderungen veranlaßt unsere Gegenabhängigkeit uns oft, etwas in seiner Gesamtheit zurückzuweisen. Dann reden wir gern davon, das Kind mit dem Bad ausgeschüttet zu haben.

Denken Sie nur einmal an die vielen Menschen, die Sie schon bitter sich haben beklagen hören über eine Situation, in der sie sich gerade befanden, über den Wehrdienst, die Schule, finanzielle Not, einen nicht endenwollenden Prozeß oder eine verpfuschte Ehe. Ein paar Jahre später aber blicken die gleichen Leute stolz auf ihr Erlebnis zurück und nennen es eines der besten oder wichtigsten ihres Lebens. Damals aber konnten sie kaum erwarten, es hinter sich zu bringen. Die Beschränkungen, die ihnen durch die Situation auferlegt worden waren, erschienen nicht länger als hilfreich, und die Lösung hieß Gegenabhängigkeit. In gewisser Hinsicht gleichen die Identitätsphasen dem Weg eines Uhrenpendels. Ein Fortschreiten hängt davon ab, extreme Positionen einzunehmen und dann zu einem Gleichgewicht zurückzukehren.

Die Entwicklung beim Erwachsenen verläuft parallel zu den Identitätserlebnissen der Jugend. Die treibende Kraft heute, wenn ein heranwachsender Jugendlicher von zu Hause fort will, ist die gleiche, wie wenn ein Erwachsener das Gefühl hat, seiner Arbeit entwachsen zu sein. Was die Erwachsenen unterscheidet, ist die Notwendigkeit, die Erfahrungen ihrer Vergangenheit zu erneuern. Das Leben des Erwachsenen ist gekennzeichnet dadurch, daß er alte Wahrheiten über sich wiederentdeckt.

Entwicklung der Selbsteinschätzung und Identitätszyklus

Der Mensch entwickelt sich, wenn er neue Erlebnisse hat, und dann darüber nachdenkt. Das Nachdenken ist ein Prozeß des Integrierens und Lernens. In einer Familie, in der Erwachsene und Kinder sich zur gleichen Zeit entwickeln und lernen, können Identitätsfragen sehr komplex werden.

Für alle Familienmitglieder gilt, daß Prozesse in der Familie sich nicht unerheblich auf deren Selbsteinschätzung und -darstellung auswirken. Eine Anerkennung durch andere versetzt jeden in die Lage, sich selbst innerlich anzuerkennen und auch andere anzuerkennen. Ähnlich begünstigt die Führung durch andere die Fähigkeit, sich selbst, aber auch andere zu führen. Der Identitätszyklus ist ein wesentlicher Prozeß, dessen Grundrhythmus sich im Lauf eines Lebens ständig wiederholt. Und die Familie spielt in allen Abschnitten des Lebens eine bedeutende Rolle.

Ist jemand ausreichend bestätigt worden, so daß er ein inneres Selbstwertgefühl hat, kann er mit Erfolg die Grenzen anderer mit der eigenen Fähigkeit integrieren, angemessen zu handeln. Falls etwas Schlimmes passiert, kann jemand mit einer gesunden Selbsteinschätzung erkennen, daß er deshalb noch kein schlechter Mensch ist. Er hat vielmehr einen Fehler gemacht, der auch wieder aus der Welt geschafft werden kann.

Jemand schämt sich oder fühlt sich wertlos, wenn die Anerkennung durch andere unzureichend war, und er nur selten erfolgreich die Anforderungen und die ihm von anderen gesetzten Grenzen bewältigt hat. Die so wichtige Brücke, sich von innen heraus selbstbestätigen zu können, ist nie geschlagen worden. Die Folge ist, daß jemand, der mit den Gefühlen der eigenen Scham und Wertlosigkeit kämpft, es schwer hat, über das richtige Handeln zu entscheiden. Er hat vielleicht sogar Schwierigkeiten, um Hilfe zu bitten. Aufgrund der geringen Selbsteinschätzung erscheint Verhalten, das andere belästigt, wie eine Anklage gegen sich selbst. Die Verantwortung für ein solches Verhalten zu übernehmen, ist schwer, denn die zwangsläufige Folge wäre, daß man den Betreffenden fallenläßt.

Aber wegen der Fähigkeit, sich bestätigt zu fühlen, kann jemand mit starkem Selbstbewußtsein die Verantwortung für die eigenen Grenzen tragen und sein Bedauern zeigen, wenn anderen ein Schaden zugefügt worden ist. Jemand mit geringem Selbstbewußtsein schämt sich, weil er nicht imstande ist, sein Selbst vom Verhalten zu trennen. Da wir uns fast alle hin und wieder einmal schämen, wiederholt sich der Identitätszyklus glücklicherweise in seinem Rhythmus. Fehlt uns die Bestätigung irgendwann einmal, können wir sie bei anderer Gelegenheit erhalten.

Weil jedes Familienmitglied den eigenen Identitätszyklus im eigenen Rhythmus erlebt, ist das Familiensystem ziemlich kompliziert. Das Gefüge, das sich aus der Verknüpfung der einzelnen Identitätszyklen ergibt, ist mehr als nur die Summe aller Teile. Außerdem wirkt die Familie durch den Identitätszyklus des einzelnen auf dessen Handeln ein. Das Verständnis der Beziehungen zwischen der Familie und einzelnen Mitgliedern ist wichtig für das Verständnis beider. Das folgende Kapitel beschäftigt sich mit diesen Beziehungen.

Übungen

Die Familienkarte   *Gruppe*

Hinweise für die Eltern

Wir haben die Erfahrung gemacht, daß Ehepaare, die ausführlich über die Familienkarte sprechen und die Ergebnisse dann gemeinsam mit den Kindern erörtern, das Programm optimal nutzen. Diese Familiengespräche begünstigen eine umfassendere Einschätzung dessen, wie sich eine Familie entwickelt. Sie fördern außerdem ein sehr viel tieferes gegenseitiges Verständnis, was auch das Hauptziel des Programms ist. Halten Sie sich bei Ihren Gesprächen als Familie vor Augen, daß dieses Verständnis bei den anderen wächst, wenn man ihren Standpunkt als real anerkennt. Die Übung besteht aus zwei Schritten:

1. Das Ehepaar: Vervollständigen Sie die Familienkarte anhand der Anweisungen und diskutieren Sie dann die Ergebnisse. (Alleinstehende Mütter oder Väter setzen sich vielleicht mit einem engen Freund zusammen, der die Familie gut kennt.)

2. Die Familie: Gehen Sie die Ergebnisse gemeinsam innerhalb der Übung in Kapitel III durch oder sprechen Sie, wenn Sie nicht an einem Gruppenkurs teilnehmen, mit Ihren Kindern bei einem Familienzusammensein darüber.

Anleitungen zum Gebrauch der Familienkarte

Nehmen Sie die Schaubilder für Anpassungsfähigkeit und Bindung, die Sie im Rahmen der Übungen des ersten und zweiten Kapitels erstellt haben, und tragen Sie die Bewertungen jedes Familienmitglieds in der Tabelle unten ein.

Benutzen Sie die Punktzahl der einzelnen Mitglieder als Kartenkoordinaten. Die Koordinaten für die Anpassungsfähigkeit finden Sie am linken Kartenrand. Die entsprechenden Werte für die Bindung können Sie am oberen Kartenrand ablesen. Wo sich die beiden Werte schneiden, tragen Sie den Namen des Familienmitglieds ein. Ein Beispiel: Wenn für den Vater die Anpassungsfähigkeit mit 15 und die Bindung mit 20 bewertet worden ist, erschiene sein Name im rechten, unteren Abschnitt vom Gebiet I.

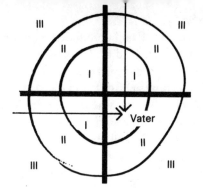

Familienmitglied	Bewertung: Anpassungsfähigkeit	Bewertung: Bindung

Bindung

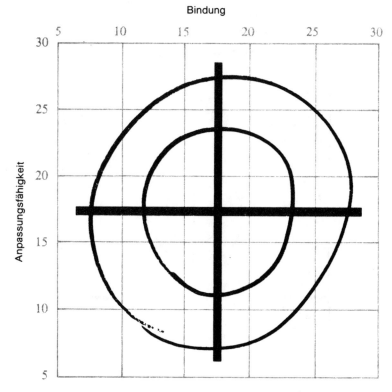

Das eine oder andere Familienmitglied möchte vielleicht feststellen, wo jeweils die Problemzonen liegen. Wenn das der Fall ist, sind die Einzelkarten vielleicht von Nutzen. Jedem Bewertungsmaßstab für die Anpassungsfähigkeit entspricht ein gleicher Maßstab für die Bindung. Beide zusammengenommen ermöglichen eine Bewertung auf der Einzelkarte. Jede Einzelkarte stellt einen Bereich des Wohlbefindens dar, wie er im ersten Teil dieses Kapitels beschrieben wurde. Es gibt fünf Einzelkarten.

Bewertung der Anpassungsfähigkeit	Bereich des Wohlbefindens	Bewertung der Bindung
Führung	Zusammenarbeit	Nähe
Disziplin	Elterliche Fürsorge	Unterstützung
Aussprache	Lösen von Problemen	Entscheiden
Organisation	Umgebung	Gemeinsamkeit
Werte	»Wir«-Konzept	Einheit

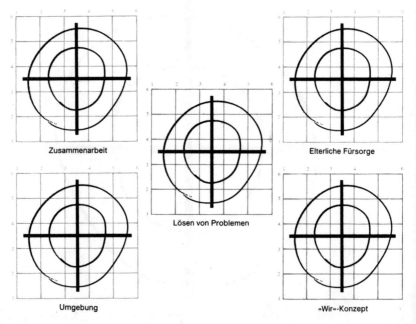

Zusammenarbeit

Lösen von Problemen

Elterliche Fürsorge

Umgebung

»Wir«-Konzept

Übertragen Sie für die Herkunftsfamilie die Werte der *Schaubilder* für die Anpassungsfähigkeit und Bindung für beide Ehepartner auf die Familienkarte. Sprechen Sie sich aus über Fragen, die im Zusammenhang mit dem Verschmelzen der beiden Traditionen aufgetaucht sind. Erforschen Sie gemeinsam, inwieweit sich Ihre beiden Familien ähneln und unterscheiden.

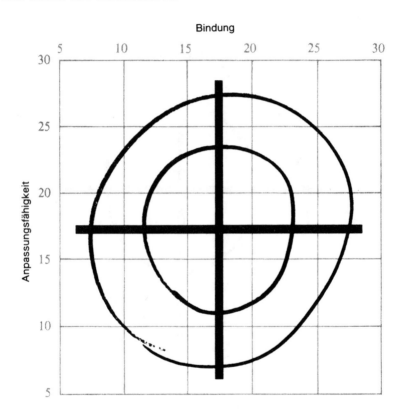

Die Familienkarte während einer Krise   *Individuell/Eltern*

Nehmen Sie die Ergebnisse der Krisenprofile der Familie für die Anpassungsfähigkeit und Bindung und tragen Sie die Werte für Ihre Familie in die Familienkarte ein.

Vergleichen Sie dann die Ergebnisse mit denen der Familienkarte und der Karte Ihrer Herkunftsfamilie. Diskutieren Sie in der Familie und überlegen Sie, ob Ihnen irgendwelche Unterschiede auffallen. Fällt Ihnen eine bestimmte Krise ein, bei der Ihre Familie sich anders verhalten hat als jetzt auf der Karte angegeben ist?

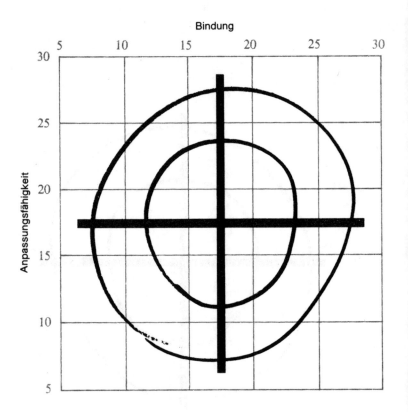

Einzelne Karten der Herkunftsfamilie   *Eltern*

Tragen Sie auf den Einzelkarten die Bewertungen Ihrer Herkunftsfamilie ein. Stellen Sie fest, ob es in irgendeinem Bereich ins Auge fallende Unterschiede gibt. Berücksichtigen Sie diese Ergebnisse bei Ihrer Diskussion über die Familie Ihrer Herkunft.

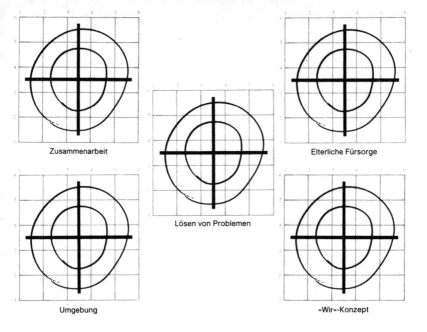

Zusammenarbeit

Lösen von Problemen

Elterliche Fürsorge

Umgebung

»Wir«-Konzept

Eintragung Nummer drei im Familientagebuch   *Individuell*

Diese Eintragung bezieht sich auf die Entwicklung Ihrer Familie und Ihre eigene Entfaltung. Teilen Sie bitte wie schon bei den früheren Eintragungen Ihre Antworten auf die folgenden Fragen mit.

1. Wie unterscheidet sich Ihre Familie heute von dem, wie sie vor vier Jahren war?

2. Was, glauben Sie, wird sich in den nächsten drei Jahren in Ihrer Familie ändern?

3. Wie ist Ihre Familie im Vergleich mit den Herkunftsfamilien beider Elternteile?

4. Nennen Sie einige der größten Veränderungen, die Ihre Familie durchgemacht hat.

5. Denken Sie über die folgenden vier Situationen nach. Können Sie sich an eine Zeit erinnern, auf die eine der folgenden Schilderungen zutrifft?

    a) Eine Zeit, in der Sie sich verwundbar und hilflos fühlten und Hilfe brauchten.

b) Eine Zeit, in der Sie die »Spielregeln« oder das »System« herausgefordert haben.

c) Eine Zeit, in der Sie ganz auf sich selbst gestellt waren.

d) Eine Zeit, in der Sie eng mit anderen zusammengearbeitet haben, um einer Herausforderung zu begegnen.

Muster für den Identitätszyklus   *Individuell*

Weiter oben sind Sie gebeten worden, sechs Begriffe auszuwählen, die Sie am zutreffendsten beschrieben. Die gleichen Ausdrücke finden Sie unten aufgeführt und der Abhängigkeit, *Gegenabhängigkeit,* Unabhängigkeit und wechselseitigen Abhängigkeit zugeordnet. Kreisen Sie die gleichen sechs Begriffe ein und prüfen Sie, ob irgendeine Kategorie drei oder mehr davon auf sich vereint. Welchen Sinn geben Sie den Worten, die Sie eingekreist haben?

Abhängigkeit	Gegen-abhängigkeit	Unabhängigkeit	Wechsel-seitige Abhängigkeit
unternehmend	rebellisch	Einzelgänger	kooperativ
ängstlich	aggressiv	einmalig	umsorgend
unsicher	unempfindlich	frei	Lehrer
zaghaft	gründlich	abgesondert	hilfsbereit
Student	zweifelnd	Individualist	zielstrebig
hilflos	prüfend	unvoreingenommen	zuverlässig

Wo befinde ich mich innerhalb meines Identitätszyklus   *Individuell/Familie*

In jedem Lebensabschnitt neigt der Mensch dazu, ein oder zwei Phasen des Identitätszyklus zu betonen. Geben Sie in der Tabelle unten die ungefähren prozentualen Werte der Zeit an, die Sie auf die einzelnen Phasen verwenden. Achten Sie darauf, daß die Zahlen sich zu 100 Prozent ergänzen.

Name						
Abhängigkeit						
Gegenabhängigkeit						
Unabhängigkeit						
Wechselseitige Abhängigkeit						
Summe						

Die Phasen mit der höchsten Zahl geben diejenigen an, die in Ihrem Leben augenblicklich im Vordergrund stehen. Vielleicht überprüfen Sie zusammen mit anderen Familienmitgliedern, ob sie Sie ebenso sehen, wie Sie sich selbst sehen, oder ob sie sich ein anderes Bild von Ihnen machen.

Vielleicht äußert Ihre Familie den Wunsch, den Identitätszyklus aller Mitglieder zu erörtern. Wenn es dazu kommt, achten Sie darauf, daß Ihre Diskussion in einem Geist der Anteilnahme und des Lernens stattfindet, nicht anklagend und abwertend. Wenn Sie über den eigenen Identitätszyklus oder den anderer sprechen, führen Sie klare Beispiele an, um darzustellen, wie sich eine Identitätsphase bei demjenigen ausdrückt, über den Sie sprechen.

Probleme und Identität   *Individuell*

Nutzen Sie den Identitätszyklus, ein für Sie aktuelles Problem zu durchleuchten. Wählen sie ein Problem, das ganz persönlich ist und nicht die Hilfe anderer zu seiner Lösung erfordert. Beispiele wären Unentschlossenheit, Angst, vor anderen zu reden oder das richtige Einteilen seiner verfügbaren Zeit. Ein Beispiel für Unentschlossenheit wird im folgenden gezeigt.

Beispiel:

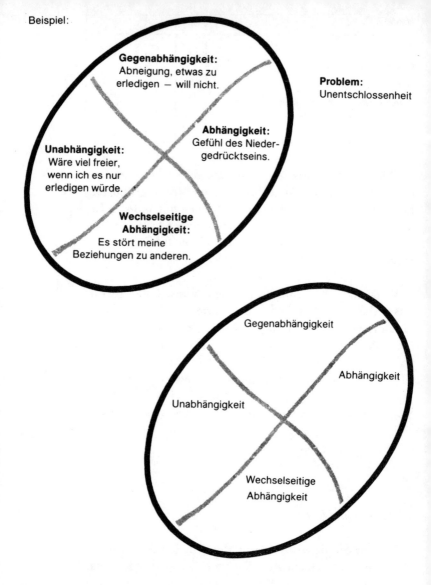

Gegenabhängigkeit:
Abneigung, etwas zu
erledigen — will nicht.

Problem:
Unentschlossenheit

Abhängigkeit:
Gefühl des Nieder-
gedrücktseins.

Unabhängigkeit:
Wäre viel freier,
wenn ich es nur
erledigen würde.

**Wechselseitige
Abhängigkeit:**
Es stört meine
Beziehungen zu anderen.

Gegenabhängigkeit

Abhängigkeit

Unabhängigkeit

Wechselseitige
Abhängigkeit

Schreiben Sie das Problem in die Mitte und skizzieren
Sie, wie sich die einzelnen Phasen Ihres Identitätszyklus
im Verhältnis zum Problem ausdrücken.

Ihr Problem: _____

Die Suche nach Identität ist am intensivsten, wenn man an einem entscheidenden Punkt seines Lebens ankommt. Die folgende Übung soll dabei helfen, die Verbindung zwischen wichtigen Entscheidungen und Ereignissen Ihres Lebens sowie der Entwicklung des eigenen Identitätszyklus zu überdenken. Tragen Sie Ihr Geburts- und das jetzige Kalenderjahr ein. Wählen Sie fünf oder sechs der wichtigsten Entscheidungen Ihres Lebens und markieren Sie, wo sie Ihrem Alter entsprechend auf der Zeitachse liegen würden. Beschreiben Sie das Ereignis mit ein paar Sätzen. In die einzelnen Spalten schreiben Sie typische Ausdrücke oder Wendungen, die damals in der jeweiligen Phase des Identitätszyklus vielleicht auf Sie zutrafen. Das Ziel ist, Muster zu entdecken, die Sie charakterisieren, wenn Sie sich schweren Entscheidungen gegenübersehen.

Zeitachse	Entscheidung	Abhängigkeit	Gegenabhängigkeit	Unabhängigkeit	Wechselseitige Abhängigkeit
Beispiel	Entschluß, mit 18 zu Hause auszuziehen, obwohl es finanziell problematisch wäre.	Angst, daß es die falsche Entscheidung war. Angst, daß der Betreffende es nicht allein schafft.	Wunsch, frei von elterlicher Überwachung zu sein. Skeptisch gegenüber Werten und Praktiken der Familie.	Freude, auf sich selbst gestellt zu sein. Stolz darüber, eine eigene Wohnung zu besitzen.	Begierig, die Ferien mit den Eltern zu verbringen. Wunsch, daß jüngere Geschwister über Nacht dableiben.
Geburtsjahr					
Kalenderjahr					

Kapitel 4 — Sich verändern

Stellen wir uns eine vierköpfige Familie vor, bestehend aus Mutter, Vater, einem Mädchen im Teenageralter und einem siebenjährigen Jungen. Es ist früh am Abend. Der Vater ist gerade von der Arbeit nach Hause gekommen und noch ganz beschäftigt mit einem Bericht, der am nächsten Morgen fertig sein soll. Er hat für nichts anderes Ohren und benimmt sich wie in einem Rausch, denn er glaubt, wenn er heute abend noch an dem Bericht arbeitet und ein paar Überstunden macht, den Durchbruch bei dem Projekt zu schaffen, an dem er gerade sitzt. Auch die Mutter hat es eilig. Sie will ein Diplom in Stadtplanung machen, und hat heute abend ein Seminar. Die Tochter treibt Sport und fiebert schon einem Sondertraining entgegen, das der Trainer für diesen Abend angesetzt hat.

Diesen drei Familienmitgliedern ist gemeinsam, daß jeder sein eigenes Anliegen im Kopf hat. Ebenfalls allen gemeinsam ist ihre Annahme, daß irgend jemand Zeit hat, sich um Bernhard zu kümmern, den siebenjährigen Sohn. Er ist zu diesem Zeitpunkt das sprichwörtliche Haar in der Suppe. Bernhard hatte in der Schule einen anstrengenden Tag und sehnt sich nach Ruhe, Beachtung und Geborgenheit.

Während alle durcheinanderlaufen, um das Abendessen auf den Tisch zu bringen, betätigt sich Bernhard als kleiner Störenfried. Er läßt den Hund ins Haus, der schmutzige Pfoten hat. Er will unbedingt die Katze füttern, verstreut aber das Katzenfutter, woraufhin der Hund mit seinen schmutzigen Pfoten kreuz und quer durch die Küche läuft. Den älteren Familienmitgliedern fällt Bernhard ganz erheblich auf die Nerven. Dabei möchte Bernhard nichts, als in den Arm genommen werden und etwas Beachtung finden.

Beim Essen entdeckt die Familie, daß eigentlich niemand Zeit hat, sich um Bernhard zu kümmern. Während der sich anschließenden Auseinandersetzung darüber, wessen Angelegenheit am wichtigsten ist, kommt Bernhard sich mehr und mehr wie eine Last vor. Er beginnt sich zu schämen und empfindet sich als nutzlos. Wäre dies nicht nur eine Momentaufnahme aus dem Familienleben, sondern ein sich ständig wiederholendes Bild, würde Bernhard im Laufe der Jahre Probleme mit seiner Selbsteinschätzung bekommen. Noch schlimmer wäre es, wenn die Familie seine Unruhe als sein Problem ansähe und sich nicht über die Rolle im klaren wäre, die sie selbst bei all dem spielt. Worauf es bei der Geschichte ankommt, ist, daß in einer Familie nichts isoliert geschieht. Jeder hat seinen Anteil.

Dieser Augenblick im Leben der Familie Bernhards ist nur eine von zahllosen möglichen Kombinationen, die in einer vierköpfigen Familie vorkommen kann. Da jeder hinsichtlich seines Identitätszyklus vier Alternativen hat (Abhängigkeit, Gegenabhängigkeit, Unabhängigkeit und wechselseitige Abhängigkeit), gibt es in einer aus vier Personen bestehenden Familie Hunderte von Konstellationen. Wenn man bedenkt, daß sich die Indentitätsphasen jedes Menschen verschieben können, wird einem sofort klar, wie beschwerlich es ist, dem auf der Spur zu bleiben, was sich in einer Familie ereignet.

Bei einigen Kombinationsmöglichkeiten sind Spannungen vorprogrammiert. Bernhards Mutter, Vater und Schwester hatten Wichtiges und Dringliches zu erledigen, was einfach nicht in Einklang zu bringen war mit Bernhards ebenfalls wichtigen und verständlichen Abhängigkeitsbedürfnissen. Die Frage ist also nicht, wie anpassungsfähig Familienmitglieder sein können, wenn es darum geht, eine Lösung zu finden, die annehmbar ist. Familienspannungen sind nicht die Folge der Probleme, die ein einzelner schafft, sondern das Ergebnis mangelnder Flexibilität der Familie angesichts der Bedürfnisse ihrer Mitglieder. Hätte man Bernhard weiterhin die Schuld zugeschoben, hätte das Problem sich immer wieder gezeigt, und die Spannungen wären nie abgeklungen.

Jemandem einen Fehler anzuhängen, ist ein Weg, der in jeder Familie einmal begangen wird. Bei einigen Familien ist es am Ende so, daß man sich immer und immer wieder die Schuld an bestimmten Verhaltensmustern zuschiebt. Es ist stets der gleiche Streit um die gleiche Frage, wie eine Reihe von Augenblickswiederholungen im Fernsehen. Wie wir aber schon gesehen haben, stehen der Familie zahlreiche Alternativen offen. Die vier Identitätsphasen bieten einen bedeutenden Ausblick.

Ich bin immer wieder betroffen, wie viele Eltern mit ernsthaften Erziehungsproblemen in unser Zentrum kommen. Sie sind nicht imstande, Grenzen zu setzen, ihr Kind zu umsorgen oder sich durchzusetzen. Doch bei planmäßigen Übungen verbringen sie sehr viel Zeit mit den Kindern anderer Eltern und zeigen dabei außergewöhnliches erzieherisches Geschick. Sie stellen fest, daß es mit Kindern anderer Eltern leichter ist. Ihr Blickfeld hat sich verändert. Sie entdecken, daß andere Möglichkeiten existieren als nur die selbstzerstörerischen Muster, an denen sie mit ihren eigenen Kindern teilhaben. Sie entwickeln eine neue Perspektive und erkennen, daß sie selbst etwas anders machen können, um das Muster zu ändern, anstatt nur zu verlangen, daß ihre Kinder sich ändern.

Einer der Schlüssel zur elterlichen Perspektive ist das Gefühl für die wechselseitige Abhängigkeit bei den Ehepartnern selbst. Die Interdependenz zeichnet sich aus durch die Fähigkeit, das Gesamtbild wahrzunehmen. Die Schwierigkeit bei gegenabhängigen und unabhängigen Extremen besteht darin, daß wir meistens eine verschwommene Vorstellung der eigenen Aufgabe haben, die der anderen aber stark vergrößert sehen. Das Gefühl für die wechselseitige Abhängigkeit verhindert, andere dafür verantwortlich zu machen, daß die Dinge so sind, wie sie sind. Es versucht vielmehr zu begreifen, wie sich alles ereignet hat bei dem Bemühen, sich zu verändern. Der Mensch ist sich seiner Rolle und ihres Einflusses auf andere bewußt. In der Familie, deren Mitgliedern sich durch ein komplexes Wechselspiel von Identitätsphasen entwickeln, ist eine interdependente Perspektive unerläßlich. Wenn es den Eltern an einer gutentwickelten Selbsteinschätzung mangelt, wird es für ihre Kinder sehr schwer, von sich selbst ein positives Bild zu bekommen.

Es gibt jedoch einige Gafahren. Ich weiß noch, wie meine Tochter Stefanie mich vor Jahren an einem Abend zwang, mich mit einigen grundsätzlichen Fragen über mich selbst abzuquälen. Damals lebte ich allein mit zwei Kindern. Ich hatte gesehen, daß ich es konnte und war auch sehr stolz auf meine Unabhängigkeit. Was ich bei meinen Kämpfen an Wissen angesammelt hatte, sollte mir in den vor mir liegenden Jahren noch sehr zugute kommen.

Eines Abends aber hörte ich, wie Stefanie leise in ihr Kissen weinte. Ich ging zu ihr und setzte mich auf ihr Bett. Als ich sie in den Armen hielt ließen die Tränen nach. »Warum bist du so traurig?« fragte ich sie. Und sie antwortete: »Es ist niemand hier im Hause so wie ich. Du und David, ihr seid euch gleich, aber es ist niemand da, dem ich gleich sein kann.« Betroffen erkannte ich zunächst, wie sehr meine Tochter sich nach einer erwachsenen Frau in ihrem Leben sehnte. Und dann wurde mir klar, daß auch mir trotz meiner entschlossenen Unabhängigkeit die Gesellschaft einer Frau fehlte, mit der ich mein Leben hätte teilen können. Steffie und ich, wir waren beide traurig an jenem Abend. Meine Verpflichtung Steffie gegenüber erleichterte mir die Einlassung, daß ich wieder heiraten wollte.

Ich bin davon überzeugt, daß die meisten Erwachsenen sehr viele wichtige Entscheidungen vor sich herschieben würden, ginge es nicht um ihre Familie. In einer Familie mit einer interdependenten Perspektive zu leben, läßt den Entwicklungsprozeß für Erwachsene wie für Kinder andauern. Die Phasen des Identitätszyklus sind eine Möglichkeit, diesen Wachstumsprozeß zu würdigen. Die entscheidende Beziehung besteht zwischen der Suche des einzelnen Familienmitglieds nach Identität und dem kollektiven Entwicklungsmuster der Familie.

Familie und Identität

Wie eine Familie auf die Identitätsphasen jedes ihrer Mitglieder reagiert, ist von entscheidender Bedeutung für die Entwicklung einer gesunden Selbsteinschätzung jedes einzelnen. Die Familie ist eine der stärksten treibenden Kräfte im Kampf des einzelnen um Selbstbestätigung. Je unausgewogener das Gefecht zwischen der Familie und dem einzelnen ist, desto schwieriger ist der Kampf.

Es erleichtert das Verständnis, die Beziehung zwischen Familienumwelt und Identitätszyklus als Gleichung zu sehen:

Anpassungsfähigkeit + Bindung = Identität

Die durch die Familienstruktur gesetzten Grenzen und die in der Familie erhaltene Unterstützung gehören zu den wesentlichen Bestandteilen der Selbsteinschätzung jedes Familienmitglieds. Weil jedoch die verschiedenen Phasen des Identitätszyklus voneinander abweichende Bedürfnisse umfassen, machen sie auch unterschiedliche Familienstrukturen erforderlich, um Ausgewogenheit aufrechtzuerhalten. Für jede Phase gibt es ein optimales Familienumfeld, das man auf der Familienkarte ausmachen kann. Abhängigkeitsbedürfnisse werden am ehesten in einer vergleichsweise hierarchisch/verbundenen Familie befriedigt:

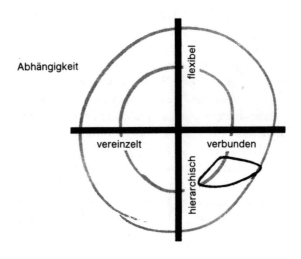

Die Gegenabhängigkeit braucht eine flexiblere Umgebung, die jedoch relativ verbunden bleibt:

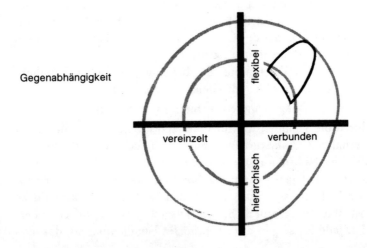

Unabhängigkeit gedeiht am besten in einer eher flexiblen und stärker vereinzelten Umgebung:

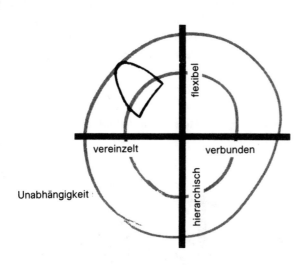

Die wechselseitige Abhängigkeit kann in jeder Umgebung gut bestehen:

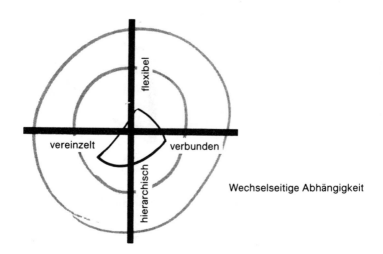

Wie wir bereits festgestellt haben, befindet sich niemand jemals ausschließlich in nur einer Phase. Es existiert vielmehr meistens an einem bestimmten Zeitpunkt ein Verteilungsmuster. So kann ein Erwachsener beispielsweise Zeiten verstärkter Gegenabhängigkeit durchlaufen, was aber nicht ausschließt, daß er auch andere Phasen wie etwa die Abhängigkeit oder Unabhängigkeit erlebt. Häufiger handelt er jedoch gegenabhängig. Wenn aber das Schwergewicht auf der *Gegenabhängigkeit* liegt, gibt es eine Kombination aus Anpassungsfähigkeit und Bindung, die ein optimales Familienumfeld bildet. Diese optimale Zone auf der Familienkarte ermöglicht, die *Gegenabhängigkeitsbedürfnisse* stärker zu betonen, sie umfaßt aber auch andere Identitätsbedürfnisse.

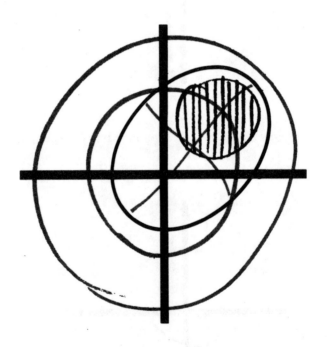

Die Abbildung zeigt, wie der optimale Bereich für den Identitätszyklus eines Erwachsenen aussehen könnte. Sie gibt den gegenabhängigen Nachdruck wieder, der auf dem Bedürfnis nach mehr Flexibilität liegt, wobei aber die Bedürfnisse nach Unterstützung und Annahme aufrechterhalten bleiben sollen. Innerhalb dieses Bereichs auf der Familienkarte ist Platz für Initiativen zu völlig unabhängigem Handeln wie auch für einige Abhängigkeitsbedürfnisse nach Halt und Unterstützung. Auch interdependente Bemühungen, in der Familie zu helfen, können hier berücksichtigt werden.

Im Lauf der Zeit ändert sich das Schwergewicht im Identitätszyklus des einzelnen. Ein Kleinkind braucht von seiner Familie sowohl gesetzte Grenzen wie auch emotionalen Rückhalt. Ein starker Halt und eine starke Bindung sind in diesem Stadium wichtig. Wenn sich das Kind entwickelt, bleibt das Schwergewicht zwar auf der Abhängigkeit, doch es bildet sich ein weiteres Schwergewicht heraus, das auf der Gegenabhängigkeit liegt, so daß also mehr Flexibilität notwendig ist. Einige Bemühungen, unabhängig zu handeln, die mit den Anforderungen in der Schule zusammenhängen, zeigen erste Wirkung, haben aber noch untergeordnete Bedeutung im Identitätszyklus.

In der Adoleszenz aber rückt die Gegenabhängigkeit in den Mittelpunkt. Ein zweiter Schwerpunkt liegt auf dem selbständigen Handeln. In dem Maß, wie sich diese Unabhängigkeit beim jungen Erwachsenen festigt, wächst die Erkenntnis, daß es wichtig ist, neue, interdependente Strukturen getrennt von der Familie zu schaffen. Diese Suche hat normalerweise lebenslange Verpflichtungen zur Folge, die neue Kinder in die Welt bringen können.

Die interdependente Einlassung fördert den starken Halt und die Bindung, die für das Wohl der Kleinkinder notwendig sind. Dann wiederholt sich der Zyklus. Die Abbildung gibt das Fortschreiten des Identitätszyklus und die verschiedenen Familienumfelder wieder, die gebraucht werden, um die einzelnen Phasen des Lebenszyklus zu stützen.

Offensichtlich erlebt jeder einzelne und jede Familie diesen Prozeß anders. Wir sind zwar alle zu jeder Phase des Identitätszyklus in der Lage, doch stehen meistens ein oder zwei im Vordergrund. Diese Ausrichtung legt für jeden die beste Kombination aus Anpassungsfähigkeit und Bindung fest. Mit fortschreitender Entwicklung des Familienumfeldes zur Befriedigung verschiedener Identitätsbedürfnisse der Mitglieder erleben die Familien jedoch zunehmend Spannungen, Konflikte und einen Drang zu Veränderung.

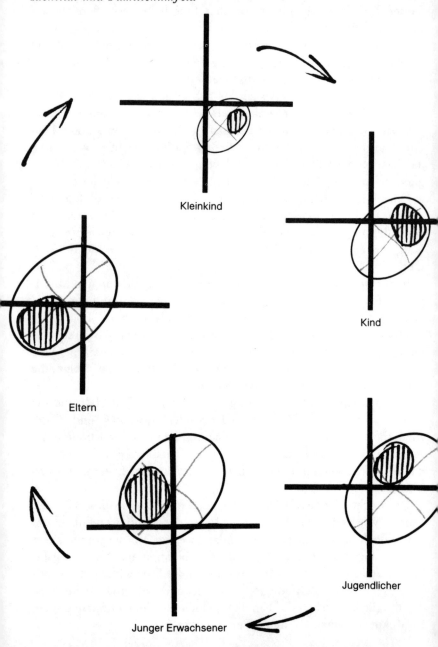

Kleinkind

Kind

Eltern

Jugendlicher

Junger Erwachsener

Die Identitätszyklen und der Annehmlichkeitsbereich in der Familie

Trägt man die Identitätszyklen mehrerer Familienmitglieder auf der Familienkarte ein, wird sehr schnell klar, warum eine Familie so kompliziert ist. Es wird außerdem verständlich, warum in der Abgeschiedenheit nur wenige Probleme auftauchen. Sie sind im allgemeinen die Folge des Beteiligtseins jedes einzelnen.

Als Beispiel wollen wir die Situation von Bernhard und seiner Familie aufgreifen, die wir oben bereits geschildert haben.

Das Schwergewicht bei Bernhards Identitätszyklus lag zunächst auf der Abhängigkeit. Der optimale Bereich für ihn hätte wahrscheinlich in der hierarchisch/verbundenen Zone der Familienkarte gelegen.

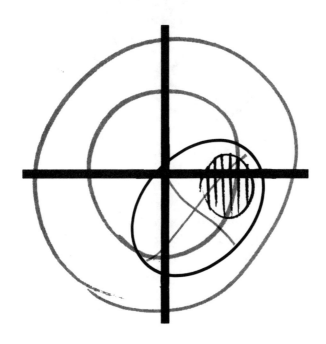

Bernhards Mutter, Vater und Schwester dagegen hätten sich in dem Bereich der Karte befunden, der größere Flexibilität darstellt:

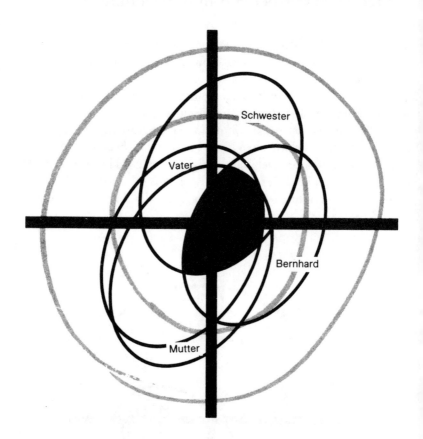

Zunächst müssen wir festhalten, daß es beträchtliche Überschneidungen gibt, wenn man die Identitätszyklen auf der Familienkarte einzeichnet. Sie bilden den Annehmlichkeitsbereich der Familie, wo sich die Identitätsbedürfnisse aller decken.

Die Spannungen in Bernhards Familie ergaben sich, weil mehrere Familienmitglieder zu dem Zeitpunkt Familienumfelder brauchten, die sich nicht mit denen anderer überschnitten. Bernhard war außergewöhnlich abhängig, während Vater, Mutter und Schwester unabhängig handelten, wie in der Abbildung gezeigt ist:

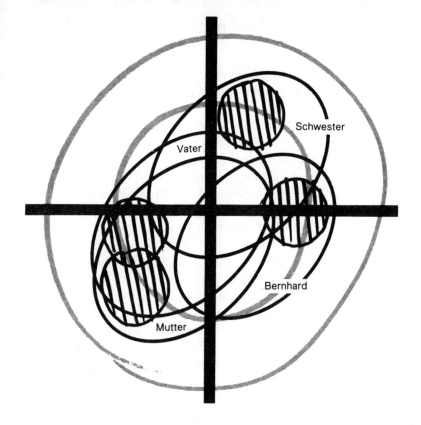

Selbstverständlich gibt es auch in der intaktesten Familie Augenblicke mangelnder Übereinstimmung. Beachten wir jedoch, daß in Bernhards Fall jedes andere Familienmitglied die Phasen hätte verschieben können, um ein neues Gleichgewicht zu schaffen. Daher existieren auch genügend Überlappungsbereiche, die einen vergleichsweise großen Annehmlichkeitsbereich für die Familie bieten.

Nicht alle Familien haben einen Annehmlichkeitsbereich. Wie wir schon betont haben, kann es in einer vierköpfigen Familie viele Hundert Kombinationen von Identitätszyklen geben, und eine größere Familie bringt es auf mehrere Tausend. Bei derart vielen Wahlmöglichkeiten fällt es zahlreichen Familien schwer, ein ausgeglichenes System mit einem gefestigten Annehmlichkeitsbereich zu errichten. Sobald die Familie hinsichtlich der Bedürfnisse ihrer Mitglieder in einen unausgeglichenen Zustand gerät, stellen sich Spannungen ein.

Unausgeglichene Familiensysteme

In nicht ausgeglichenen Systemen wird der Annehmlichkeitsbereich nicht so gestaltet oder erhalten, daß er die Entfaltung des einzelnen fördert. Entweder der einzelne oder die Familie als Ganzes kann den Mangel an Ausgewogenheit herbeiführen. Individuelle Bedürfnisse zu übergehen, kann die anstehenden Probleme verschärfen. Ein Kind, dessen Abhängigkeitsbedürfnisse sich in Form von Hilflosigkeit äußern, wird in einer geschäftigen Familie zuerst vielleicht nicht beachtet. Das kann zur Folge haben, daß das Kind noch unfähiger wird, selbst etwas zu tun, bis man ihm Beachtung schenkt. Ähnlich könnte die gegenabhängige Übertretung der Familienregeln durch einen Jugendlichen von Eltern begrüßt werden, die strengere Regeln haben. Die Reaktion könnte sein, daß die Grenzen noch weiter überschritten werden.

In beiden Fällen reagierte die Familie auf individuelle Bedürfnisse mit einem Versuch, die Dinge unverändert zu lassen, während jedoch eine Verlagerung erforderlich gewesen wäre. Das Ergebnis war ein noch größeres Ungleichgewicht in der Familie. Bis an den Rand getrieben, ist das die Art, in der Familie Scham und Sündenböcke heranzuzüchten. »Wenn er sich doch nur wieder fangen würde!« seufzen vielleicht andere Familienmitglieder und merken gar nicht, welch wichtige Rolle sie bei dem Problem spielen.

Einigen Familien fällt es sehr schwer, sich einen Annehmlichkeitsbereich zu bewahren. Beispiele sind Familien mit nur einem Elternteil, Familien mit kleinen Kindern, in denen beide Elternteile arbeiten, und Familien mit sowohl Kleinkindern wie auch Heranwachsenden. Für diese Familien ist der Annehmlichkeitsbereich von besonderer Bedeutung. Sie haben ein größeres Bedürfnis, in verschiedenen Phasen auf ihrer Familienkarte hinein- und wieder aus ihnen herauszugleiten, weil die Verbindung der Identitätszyklen der Familie besondere Anforderungen stellt.

Die am wenigsten ausgeglichenen Situationen kommen in Familien vor, in denen nichts für den Annehmlichkeitsbereich getan wird und alle Phasen des Identitätszyklus auf die eine oder andere Weise beschränkt sind. Die sich daraus ergebenden Extreme bei der Anpassungsfähigkeit und Bindung sind die Randbezirke des Gebiets III der `

Familienkarte (chaotisch, starr, verstrickt und bindungslos). Jeder bietet andere Schwierigkeiten bei der Suche nach der Identität.

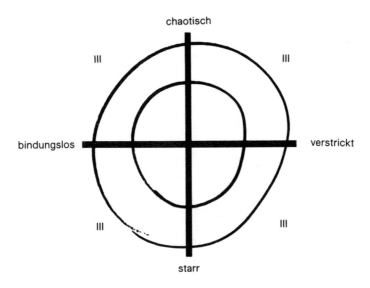

Chaotisch

In einer chaotischen Familie abhängig zu sein, fällt schwer, da niemand zuverlässig ist. Das kann zu Zweifeln daran führen, daß man sich auf andere verlassen kann. Da es außerdem weder ein festes Gefüge gibt, gegen das man kämpfen könnte, noch Richtlinien, um einen Erfolg zu messen, ist gegenabhängigen Versuchen zur Selbstbestimmung nur ein begrenztes Gelingen beschieden. Unabhängige Bemühungen, für sich selbst die Richtung zu bestimmen, können zufriedenstellend ausfallen, sind jedoch wegen der unsicheren Unterstützung seitens der Familie nur schwer beizuhalten. Interdependente, kooperative Vorhaben schließlich sind nur selten erfolgreich.

Starr

Anders sind die Gefahren in einer starren Familie. Die Abhängigkeit kann sich hinziehen, weil immer irgend jemand zur Stelle ist, der die Zügel in die Hand nehmen kann. Das kann die Versuche behindern, für sich selbst verantwortlich zu werden. Gegenabhängige Vorstöße werden unterdrückt, was das Lernen beeinträchtigt, innerhalb festgefügter Strukturen zu arbeiten, vor allem wenn die Leistungsanforderungen ungewöhnlich hoch sind. Unabhängiges Handeln kann in der starren Familie als zerstörerisch und rebellisch aufgefaßt werden. Eng ausgelegte Vorschriften können den Umfang an interdependenter Zusammenarbeit einschränken. Eine Umgebung, in der man tut, was einem gesagt wird, erstickt die Suche nach Identität zugunsten der Familienstabilität.

Verstrickt

Verstärkte Abhängigkeitsbedürfnisse sind ein Merkmal der verstrickten Familie. Jeder sieht die anderen Familienmitglieder als Abbild oder Fortsetzung seiner selbst. Jede Handlung wird daraufhin untersucht, »was sie über mich aussagt«. Ein so überzogenes Beteiligtsein zieht auch einen übertriebenen Sinn für Gegenabhängigkeit nach sich, denn die Familienmitglieder versuchen, sich von den Netzen der Familie zu befreien. Aber es ist wie bei einem Fliegenfänger – je heftiger man sich abmüht, desto mehr verfängt man sich. Unabhängigkeit ist äußerst bedrohend, und sich zu lösen kann sogar bestraft werden. Die Bande zwischen den Familienmitgliedern sind so fest, daß wechselseitige Zusammenarbeit eingeschränkt wird, weil die einzelnen Mitglieder fürchten, ausgeschlossen zu werden. Zuweilen grassiert sogar eine »Familienfurcht«, daß nicht genug Liebe/Geld/Nahrung o. ä. da ist.

Bindungslos

Das Gefühl der Isolation, das die Familie durchdringt, verschafft nicht die grundlegende persönliche Bestätigung, die für eine gesunde Abhängigkeit unerläßlich ist. Darüber hinaus erschwert der Mangel an Vertrautheit die Gegenabhängigkeit, da es an der notwendigen Unterstützung bei den Versuchen fehlt. Die Unabhängigkeit ist nichtssagend, da sich die Fähigkeit zur Selbstbestätigung nicht entwickeln kann. Mißtrauen herrscht auch gegenüber der Wechseltätigkeit, das in dem Gefühl wurzelt, daß man alles allein machen muß. Als schwebe man im All, entwickelt das Familienmitglied ein scharfes inneres Bewußtsein, doch bleibt dieses Bewußtsein bedeutungslos, weil es keinen menschlichen Kontakt gibt. Es ist niemand da, mit dem man etwas gemeinsam machen, sich vergleichen oder auch streben und kämpfen könnte.

Manchmal verkennen Familien, was für ihren Annehmlichkeitsbereich bekannt ist. Alles unverändert lassen, oder nichts gefährden, das ist bekannt, während auf etwas anderes auszuweichen, neu und unbekannt ist. Vielleicht gefällt es extremen Familien nicht, wo sie sich befinden, doch sind sie daran gewöhnt, so zu sein. Unglücklicherweise kann es abträglich sein, den Status quo aufrechterhalten zu wollen. Das kann ein Familienmitglied in einer Phase seines Identitätszyklus festhalten, die seinem Alter nicht angemessen ist, oder ein Familienmitglied in seiner gegenwärtigen Zyklusphase in ein Extrem treiben.

Die Extreme enthalten zwar verschiedenartige Schwierigkeiten für die Identitätszyklen der Familienmitglieder, haben aber ein gemeinsames Ergebnis. Die Familienmitglieder haben am Ende ein geringeres Selbstwertgefühl. Der grundlegende Prozeß der Bestätigung von außen, so daß man sich innerlich selbst und auch andere bestätigen kann, ist gestört worden. Die Unwürdigkeit, die jemand verspürt, bleibt bestehen, bis der Betreffende an einem System teilhat, welches das spontane Entstehen eines neuen Identitätszyklus möglich macht.

Wie wir gesehen haben, gibt es in den einzelnen Gruppen kaum »Familien in Reinkultur«. Die Familien können sich vielmehr an unterschiedlichen Stellen der Familienkarte befinden, je nachdem welche Seite ihres Zusammenlebens man betrachtet. Ob im mittleren Bereich der Karte, wie im Beispiel von Bernhards Familie, oder in den extremeren Regionen, entscheidend bleibt, daß die Familie für die Aufrechterhaltung des Gleichgewichtes zwischen Halt (Anpassungsfähigkeit) und Unterstützung (Bindung) angesichts der unausweichlichen Veränderungen befähigt bleibt. Jedes Familienmitglied ist darauf angewiesen.

Der Lebenszyklus der Familie — Stabilität und Wandel

Die Fähigkeit, den Annehmlichkeitsbereich zu verlassen und wieder zu betreten, oder ihn sogar zu verändern, ist eine Voraussetzung für das Verständnis der Familie als ein sich wandelndes, dynamisches

System, das allerdings auch ein hohes Maß an Stabilität besitzt. Die Stärke einer Familie hängt von der Fähigkeit ihrer Mitglieder ab, sich den Veränderungen anzupassen, die für die gemeinsame Entwicklung notwendig sind, aber dennoch die so wichtige Integrität als Familie zu bewahren.

Die stärkste Kraft zu Veränderungen in der Familie ergibt sich aus der Schwierigkeit, die Identitätszyklen der Familienmitglieder zusammenzufügen. Das kann in der Familie zu Spannungen, Konflikten und dem Druck zu Veränderungen führen. Wie vernünftig die Familienmitglieder auf die Konstellation der Identitätszyklen des jeweils anderen reagieren, ist entscheidend für ihre Zufriedenheit und Entwicklung als Familie.

Neben dem Druck von innen gibt es jedoch auch äußere, den Wandel fördernde Kräfte, von den Verschiebungen innerhalb der wirtschaftlichen und kulturellen Muster bis zu den großen technologischen Umbrüchen. Und ähnlich existieren stabilisierende Kräfte. Im Innern die Überlieferungen, Wertvorstellungen, Bräuche und Vorbilder, die von Generation zu Generation auf uns gekommen sind, und außerhalb der Familie, z. B. Gewohnheitspraktiken und religiöse wie gesetzliche Strafbestimmungen.

Wie jedes menschliche System muß sich das Familiensystem wandeln können, um sich wirksam den sich verändernden Bedürfnissen der Familienmitglieder und den Veränderungen in der Gesellschaft anzupassen. Auch die Familie muß ihre Struktur um der Sicherheit und des Wohlergehens ihrer Mitglieder willen beibehalten. Sie braucht ein Gleichgewicht, das Veränderungen zuläßt, aber die Integrität der Familie bewahrt. Glücklicherweise besitzen die Familienmitglieder eine Reihe von Möglichkeiten innerhalb ihrer gemeinsamen Identitätszyklen, um auf Änderungen in der Familie reagieren und gleichzeitig die so wichtige Stabilität aufrechterhalten zu können.

Entwicklungsmuster der Familie

Eine der wichtigsten Kräfte, die Veränderungen schafft und doch die erforderliche Stabilität bewahrt, ist der Reifeprozeß innerhalb des Entwicklungszyklus der Familie. In Szene A sind Kleinkinder abhängig und brauchen die Führung und Unterstützung ihrer Eltern. In Szene B sind aus den Kindern Jugendliche geworden, die nach neuen Erfahrungen streben. Die Bindung zwischen den Eltern und ihren in der Adoleszenz stehenden Kindern wird schwächer und verlangt Vertrauen auf beiden Seiten. In Szene C haben die jungen Erwachsenen ihre Unabhängigkeit. Szene D zeigt die weitere Entwicklung hin zur wechselseitigen Abhängigkeit, da erwachsene Kinder neue Beziehungen einleiten und selbst Kinder bekommen.

Aus dem Blickwinkel der Erwachsenen betrachtet, enthalten diese vier Szenen eine zusätzliche Dimension persönlicher Entwicklung und Veränderung. In Szene A müssen junge, erwachsene Eltern, die gerade erst die Unabhängigkeitsphase ihres Identitätszyklus hervorgehoben haben, eine überwiegend interdependente Ausrichtung übernehmen, um den Halt und die Hilfe zu geben, die die Kinder brauchen. In Szene B bleibt die Interdependenz erhalten. Sind die Eltern aber typische Erwachsene, erleben sie ihren Kindern gegenüber vielleicht eine gewisse Gegenabhängigkeit in der Form, daß sie sich gefesselt vorkommen und sich ärgern über die ständigen Versuche, die Grenzen zu erproben.

Szene C stellt eine von den Eltern neuentdeckte Unabhängigkeit vor, auch wenn sie als Ehepaar ihre wechselseitige Abhängigkeit beibehalten. Szene D enthält viele Möglichkeiten. Es sind die Interdependenz gegenüber anderen, die neuen Gelegenheiten einer interdependenten Bemutterung der Enkelkinder und sogar der Schwiegertöchter und -söhne. Da ist die Unabhängigkeit des Pensionärs, aber auch das Schreckgespenst der Abhängigkeit, das manchmal das fortschreitende Alter begleitet.

Der Reifeprozeß des Erwachsenen beginnt mit der großen Veränderung von der Unabhängigkeitsphase des jungen Erwachsenen zur wechselseitigen Abhängigkeit, die bei der neuen Familiengründung entstand. Er setzt sich fort durch den Identitätszyklus, wenn der Erwachsene Stufen der eigenen Entwicklung erlebt, die ausgelöst wird durch das Erreichen der Lebensmitte, durch Berufswechsel, das Leere-Nest-Syndrom und den Tod der eigenen Eltern. Während des gesamten Prozesses können Veränderungen für die Erwachsenen das Familiensystem einem starken Streß aussetzen. Frauen, die zum Beispiel wieder anfangen zu arbeiten, können bei den Kindern und dem Ehemann auf sehr widersprüchliche Empfindungen oder sogar Widerstand stoßen. Wenn man Kinder als die einzigen Personen erlebt, die sich entwickeln, fehlt einem ein sehr wichtiger Teil im Leben.

Die treibende Kraft hinter den Veränderungen der Familienstruktur ist das Wandern aller Familienmitglieder durch die Identitätszyklen. Bewegt sich das Schwergewicht eines Kindes beispielsweise von der Abhängigkeit zur Gegenabhängigkeit, entsteht für die Familie ein Ungleichgewicht, weil deren Gefüge nicht mehr die Identitätsbedürfnisse des Kindes stützt. Dieses Ungleichgewicht schafft Spannungen, die sich zu einem Familienstreit ausweiten können, wenn die Familie versucht, das Kind ins Glied zurückzuholen, um selbst im Annehmlichkeitsbereich zu bleiben. Das Kind seinerseits kämpft, um die Familie zu verändern, damit es die eigenen Identitätsbedürfnisse befriedigen kann. Es probiert aus, wie weit es gehen kann, fordert die Eltern und andere Familienmitglieder heraus und bereitet anderen ganz allgemein Schwierigkeiten.

Ein typisches Ergebnis dieses Kampfes ist, daß sich die Position der Familie auf der Familienkarte aus dem Gebiet I in das Gebiet II verlagert, und das trotz der Bemühungen der Eltern, die Familienstruktur unverändert zu lassen. Aber weil sie das versuchen, neigen sie dazu, das vorherrschende Muster zu verstärken, in dem sie beispielsweise mehr Regeln und eine strengere Hierarchie einführen. Durch ihre Reaktion auf den Kampf drängen die Eltern damit die Familie in eine extreme Lage, die sich am Ende im Gebiet II wiederfindet und sich mit verschiedenen Problemen auseinandersetzen muß.

Der Druck, eine Familie aus ihrem Annehmlichkeitsbereich zu verdrängen, trifft normalerweise auf den Widerstand mehrerer Familienmitglieder. Wenn ein Kind oder ein Jugendlicher Druck ausübt, rechtfertigen die Elten ihre Versuche, die gegenwärtige Ordnung aufrechtzuerhalten, im allgemeinen mit der Behauptung, das Kind sei noch nicht »alt genug«, um das zu tun, was es wolle. In Wahrheit steht natürlich dahinter, daß das Gleichgewicht des Familiensystems bedroht ist.

Wenngleich Widerstand gegen Veränderungen in einer Familie etwas Natürliches ist, braucht man keine Angst zu haben, wenn die Familie den Annehmlichkeitsbereich verläßt. Das ist vielmehr eine Gelegenheit für die Familie, sich neu einzustellen, um den Bedürfnissen der Familienmitglieder noch besser entgegenkommen zu können. Es geschieht oft, daß nach einer Zeit der Auseinandersetzungen über

Probleme, die die Familie in das Gebiet II gebracht haben, eine neue Regelung gefunden wird, die sich in einer veränderten Familienstruktur niederschlägt. Dieser Wandel führt die Familie oft in das Gebiet I der Familienkarte zurück. Dann beginnt ein neuer Abschnitt des Gleichgewichts, und die Familie kommt in einen neuen Annehmlichkeitsbereich, bis das nächste Familienmitglied sich in eine Phase seines Identitätszyklus begibt, für die die Familie nicht die richtige Unterstützung bietet. Dann läuft der ganze Prozeß mit Spannungen, Auseinandersetzungen und Wandel wieder von vorne ab.

Wenn die Familie aufgrund der Spannungen und Auseinandersetzungen in das Gebiet II der Karte kommt, anstatt in das Gebiet I zurückzukehren, wenn der Konflikt in Angriff genommen wird, kann sie den Konflikt noch verschlimmern. Das kann eine Verlagerung in eine noch extremere Position im Gebiet III der Familienkarte zur Folge haben. Es ist paradox, daß das, was einen Wandel verhindern soll, letzten Endes doch zu Veränderungen führt, aber meistens in die genau entgegengesetzte Richtung dessen, was man will.

Das Auf und Ab der Anpassungsfähigkeit und Bindung ist eine direkte Folge der Identitätsoptionen, die jedes Mitglied wählt. Es ist ein Familienumfeld, das die Menschen in der Familie stützt, und in dem seinerseits individuelle Entscheidungen die Entwicklung des Umfeldes bestimmen. In der Familie gibt es Perioden und Zyklen, die sich immer wieder erneuern. Dieser Bestandteil des Wandels ist entscheidend für das Wachstum. Wird der Wandel blockiert, wird das Wachstum eingeschränkt und hört manchmal sogar auf.

Hindernisse für den Wandel in der Familie

Hindernisse für Veränderungen sind meistens ein Fall von »Verkrustung der Kategorien«. Sich darauf zu versteifen, daß es nur einen gangbaren Weg gibt, heißt die eigenen Möglichkeiten begrenzen. Es ist eine Stärke, wählen zu können. Ob für die Entwicklung oder das Überleben, es ist wichtig, daß man in der Familie mit Veränderungen fertig wird. Es können sich jedoch zahlreiche Hindernisse einstellen und einen Wandel verhindern.

Hindernis Nummer 1:
Wenn die Familiengeschichten nicht zusammenpassen

Das erste große Hindernis für eine Veränderung kann sich einstellen, wenn zwei Familiengeschichten aufeinandertreffen. Aufgrund von jeweils familienbedingten Unterschieden versäumen einige Ehepaare, sich über wichtige Fragen zu verständigen, wie die Religion, die Empfängnisverhütung oder finanzielle Prioritäten. Das belastet die Beziehung.

Ich wuchs in einer vorökumenischen Zeit auf, in der Unterschiede im Glauben nicht geduldet wurden. Ich habe miterlebt, wie die wechselseitigen Bemühungen von Eheleuten, den Partner zum eigenen Glauben herüberzuziehen, auf gegenabhängigen Widerstand trafen. Die innere Kluft zwischen ihnen brach bei jedem Durchgangsritus wieder auf — bei Taufen, der ersten Kommunion und Trauungen der Kinder —, die Sonntagmorgen gar nicht mitgerechnet. Für sie schien es nur die Wahl zu geben, entweder von einem geliebten Menschen getrennt zu werden oder dem Glauben ihrer Eltern abzuschwören. Da sie nur diese beiden Möglichkeiten sahen, konnten sie nicht erforschen, was sie für sich gemeinsam verwirklichen wollten. Es war scheinbar leichter, so zu tun, als wäre das ganze überhaupt kein Problem. Die Folge war eine unermeßliche Leere, wo die starken Bande seelischer Gemeinsamkeit hätten sein können.

Hindernis Nummer 2: Wenn die Lösung das Problem ist

Das engstirnige Beharren auf einer bestimmten Lösung kann einen Fortschritt oder Wandel einengen. Da war zum Beispiel jener starre Vater, der in dem Bemühen, seinen Sohn zur Verantwortung zu erziehen, unglaubliche Anforderungen an ihn stellte. Aber je mehr Druck er ausübte, desto unzuverlässiger wurde der Sohn. Hier wurde die Lösung zum Problem.

Eine sehr anschauliche Darstellung zum Verständnis dieser widersprüchlichen Art interpersoneller Beziehungen ist die Geschichte jenes Ehepaares, das eine elektrische Heizdecke mit getrennten Schaltern kaufte. Als sie in der ersten Nacht damit schliefen, vertauschten sie aus Versehen die Schalter. Er hatte denjenigen, der für ihre Seite war, und sie den Schaltern für seine Seite. Als sie zu Bett gingen, fror sie und stellte die Temperatur höher. Infolge der Verwechslung wurde seine Seite warm. Ihm wurde es zu warm, und er drehte seinen Regler niedriger, woraufhin seine Frau noch mehr fror. Sie drehte den Schalter schließlich auf die höchste Stufe, und er reagierte damit, daß er seinen Regler ganz abstellte. So verbrachten beide eine äußerst unangenehme Nacht, ohne daß einer erkannt hätte, was passiert war.

Ehepaare können eine lange, unerquickliche Zeit miteinander verbringen und sich doch weitgehend nicht darüber im klaren sein, daß ihre Bemühungen, den anderen zu lenken, das Gegenteil von dem bewirken, was sie vorhatten. Sie wissen, daß sich die Dinge ändern müssen, aber sie erkennen nicht, daß die Lösungen, die sie verwenden, die Ursache ihrer ausweglosen Situation sind. Würden sie die Lösungen betrachten, fiele ihnen vielleicht auf, daß ihre Lage der des Paares mit der Heizdecke ähnelt. Es ist unter Umständen nur eine Frage der richtigen Schaltung, so daß jeder für eine eigene Seite verantwortlich ist.

Hindernis Nummer 3:
Versäumnis, die Verantwortung für sich selbst zu übernehmen

Es gibt zwei Möglichkeiten dafür, daß die Verantwortung für sich selbst unklar wird. Beide können sowohl den Identitätszyklus wie die Bindung und Anpassungsfähigkeit der Familie behindern. Die eine Möglichkeit ist ein Zuviel, die andere ein Zuwenig an Verantwortung.

Zu zuviel Verantwortung kommt es, wenn sie die Kontrolle über andere beinhaltet. Innerhalb des Identitätszyklus gibt es viele Formen von Überverantwortlichkeit. Bei der Abhängigkeit äußert sie sich in der Ablehnung von Unterstützung und Hilfe anderer, obwohl man sie bräuchte, weil man der Meinung ist, die Betreffenden hätten die Sache nicht im Griff. Bei der Unabhängigkeit ist es das Hegen unrealistischer Erwartungen für sich selbst; bei der Gegenabhängigkeit, daß man andere für die eigenen Probleme verantwortlich macht, und bei der wechselseitigen Abhängigkeit, daß man die Aufgaben anderer übernimmt oder für sie Entscheidungen trifft, obwohl sie das durchaus selbst könnten. Meistens führt eine übertrieben verantwortungsbewußte Verhaltensweise zu einem starreren und bindungsloseren Familienumfeld.

Abhängigkeit	**Gegenabhängigkeit**
Unterstützung und Hilfe ablehnen, obwohl man sie braucht. Abneigung, eine »Last« oder Gegenstand von »Sympathie« zu sein. Meinung, daß andere auch ohne die eigenen Probleme genug zu tun haben. Fürsorge zurückweisen, weil man nicht von ihr abhängig sein oder irgend etwas schulden will.	Andere verantwortlich machen, anklagen und ablehnen, weil sie sich bei Grenzen und Richtlinien geirrt haben oder unzureichende Unterstützung geleistet haben. Schwierigkeiten sind ihre Schuld. Völlige Ablehnung anderer wegen ihrer Unfähigkeit zu begreifen. Ungerechtfertigter Zorn und Zynismus.
Unabhängigkeit	**Wechselseitige Abhängigkeit**
Unrealistische Forderungen an sich selbst und andere. Das hat seine Ursache in übertriebener Selbsteinschätzung und mindert die Meinung von dem, was andere fertigbringen. Perfektionismus und übermäßige Ausweitung schränken das Gefühl für Leistung und die Freude ein. Streben, das auf dem Vergleich mit der Leistung anderer beruht. Um annehmbar zu sein, muß man in allem zu den Besten gehören.	Überschätzung der eigenen Verantwortung führt dazu, Verantwortlichkeiten anderer zu übernehmen. Nimmt an, daß andere es nicht so gut machen können und fühlt sich am Ende ausgenutzt. Kritisch und wütend gegenüber anderen, weil sie nicht in der Lage sind, den Niedergang aufzuhalten. Verleugnen persönlicher Bedürfnisse.

Im Gegensatz dazu ist eine zu geringe Verantwortung für sich selbst ein Beispiel für den Verlust des so wichtigen Identitätsgefühls. Im allgemeinen ist sich jemand mit zuwenig Verantwortung nicht über seine Grenzen oder Fähigkeiten im klaren. Im Fall der Abhängigkeit ist derjenige ein gutes Beispiel, der andere manipuliert oder dazu verleitet, etwas zu tun, was er selbst erledigen könnte. Bei der Gegenabhängigkeit erfolgt die Ablehnung von Grenzen und Struktur indirekt dadurch, daß man die Forderungen anderer übergeht oder vorgibt, sie gehört zu haben. Unabhängige Handlungen, die nur erfolgen, um den Schein zu wahren, deuten auf ein Versagen hin, mit sich selbst ins reine zu kommen. Sich in interdependenten Gesprächen nicht zu behaupten, kann jemanden am Ende verpflichten, auf eine Art und Weise zu helfen, die er nicht mag. Ein Verhalten, das zu wenig Verantwortung zeigt, trägt im allgemeinen zu einem verstrickten und chaotischen Familienumfeld bei.

Abhängigkeit

Andere verleiten, die Verantwortung für Dinge zu übernehmen, die man selbst erledigen kann. Hilflos und verführerisch handeln. Dinge als unmöglich und hoffnungslos ansehen. Niemand kann mir helfen.

Gegenabhängigkeit

Nicht durchhalten bei Bitten oder Vereinbarungen. Übergehen von Richtlinien, Grenzen oder Bitten oder sogar vorgeben, sie nicht wahrgenommen zu haben. Wenn Probleme in der Beziehung auftauchen, andere damit behelligen, sie aber nicht mit dem Betreffenden besprechen.

Unabhängigkeit

Handeln, als sei man persönlich motiviert; in Wirklichkeit aber erfolgen die Leistungen, um von anderen Zustimmung zu bekommen. Gefühl persönlicher Unzulänglichkeit erzeugt Mißtrauen, daß Bedürfnisse befriedigt werden; muß daher handeln, um den Schein zu wahren. Echte Selbstachtung kann nicht aufkommen. Selbst bei guten Leistungen erfordern Selbstzweifel äußere Erfolgszeichen.

Wechselseitige Abhängigkeit

Einwilligung in und Annahme von Abmachungen, die unpassend sind. Unvermögen, sich bei Verhandlungen und Engagements zu behaupten. Menschen helfen und sie unterstützen, wenn man es gar nicht möchte. Wird aufdringlich und konkurrenzbeflissen aus Angst, fallengelassen oder übergangen zu werden. Außergewöhnlich starke Zugehörigkeitsbedürfnisse.

Manchmal kommen zu verantwortungsbewußte und zuwenig verantwortungsbewußte Handlungen zusammen vor. Nehmen wir etwa die überverantwortlichen Eltern, die ein hervorragendes Ziel für das wenig verantwortungsbewußte Kind sind. Dadurch, daß das Kind sich ständig hilflos stellt, kann es vermeiden, verantwortungsbewußt zu sein. Im Extremfall kann das auf der Familienkarte zu einem starrverstrickten Umfeld führen.

Als Alternative für zuviel oder zuwenig Verantwortungsbewußtsein hat jedes Familienmitglied die Möglichkeit, sich selbstverantwortlich zu verhalten. Im Fall der Abhängigkeit zum Beispiel heißt das, um Hilfe zu bitten, wenn es erforderlich ist, und die Hilfe und Fürsorge in Zeiten anzunehmen, wenn ein wirklicher Bedarf besteht. Bei der Gegenabhängigkeit bedeutet es, klar und direkt zu sagen, was man will, wenn man Grenzen erprobt, und es bedeutet auch, sich direkt mit den Betroffenen über die Fragen auszusprechen, die sich aus Konflikten ergeben. Eigenverantwortliche Unabhängigkeit heißt, für sich selbst die Richtung zu bestimmen, der eigenen Urteilskraft zu vertrauen und, wenn man einen Fehler gemacht hat, in der Lage zu sein, sich selbst zu verzeihen. Im Fall wechselseitiger Abhängigkeit umfaßt eigenverantwortliches Verhalten Zusammenarbeit mit anderen, Verantwortung für die eigene Rolle zu übernehmen und gleichzeitig die Leistungen anderer zu bestätigen, oder für jemanden zu sorgen, jemanden zu führen und zu lehren, ohne andere zu beherrschen.

Eigenverantwortliches Verhalten

Abhängigkeit

Hilfe und Fürsorge in Zeiten echten Bedarfs annehmen. Erwachsene und Jugendliche bitten um Hilfe. Richtlinien und Anweisungen folgen. Suche nach persönlicher Bestätigung.

Gegenabhängigkeit

Erproben von Grenzen und Fähigkeiten. Klar und direkt bezüglich dessen sein, was man will und nicht will. Ganz genau die Fragen erkennen, die sich ergeben und sie dann mit den betroffenen Personen besprechen.

Unabhängigkeit

Ein Gefühl persönlicher Wirksamkeit und Selbstlenkung entwickeln, das in der selbstgeleisteten Arbeit gesehen wird. Fähigkeit, sich selbst zu würdigen. Freude, allein zu sein, weil man weiß, wer man ist, nicht wegen der Reaktionen auf andere. Zuversicht und Vertrauen in die eigene Urteilsfähigkeit, zu überleben und sich hervorzutun. Imstande, sich selbst zu verzeihen.

Wechselseitige Abhängigkeit

Selbstsicherheit ermöglicht ungezwungene Zusammenarbeit und Anteilnahme an anderen. Das Austauschen von Lebenserfahrungen wird als weitere Selbsterforschung und auch als Gelegenheit gesehen, Bedürfnisse zu befriedigen. Verantwortung für die eigene Rolle bei der Arbeit und Problemen übernehmen und gleichzeitig andere durch Fürsorge, Lehren und Führen bestätigen.

Man beachte, daß es selbstverständlich zur Eigenverantwortlichkeit gehört, immer Klarheit über die eigenen Absichten und auch eine realistische Einschätzung der eigenen Fähigkeit zu haben. Ein Gleichgewicht zu erzielen, bedeutet nicht, wie ein Seiltänzer zwischen über- und unterverantwortlichem Verhalten hin und her zu laufen. Es bedeutet vielmehr, eine bewußte Anstrengung zu unternehmen, um der breiten Skala von Möglichkeiten bewußt zu werden, mit denen man die eigenen Bedürfnisse und Grenzen aufeinander abstimmen kann. Dieses Bewußtsein der eigenen Möglichkeiten ist unerläßlich für das Wohl der Familie.

Das Wohl der Familie

Verantwortung für sich selbst zu übernehmen, ist die Grundlage des Wohls der Familie. Für jeden Bereich des Wohls der Familie (Zusammenarbeit, Fürsorge, Lösen von Problemen, Umgebung und »Wir«-Konzept) ist die persönliche Verantwortung von entscheidender Bedeutung. Umgekehrt steuert jeder Bereich des gemeinsamen Familienlebens für das Selbstgefühl aller Familienmitglieder einen Zusatzwert bei. In einer Familie ist es ein Zeichen für:

eine gesunde *Zusammenarbeit*, wenn sich die Familienmitglieder zusammentun, um etwas zu unternehmen, und darauf vertrauen, daß der Beitrag jedes einzelnen gewürdigt wird und sinnvoll ist;

eine gesunde *Fürsorge*, wenn die Kinder sich stark genug fühlen, die Anforderungen der Eltern zu erfüllen, und unterstützt werden, wenn sie Fehler machen;

ein gesundes *Lösen von Problemen*, wenn jeder bei einem gemeinsamen Problem die Verantwortung für seinen Part übernimmt;

eine gesunde *Umgebung*, wenn Sorge getragen wird, Zeit und Erfahrungen für alle gemeinsam aber auch für jeden einzeln bereitzustellen;

ein gesundes *»Wir«-Konzept*, wenn Menschen, die zusammensind, sich helfen, stolz darauf zu sein, wer sie als Einzelperson sind.

Das Wohl der Familie besteht darin, so viele Möglichkeiten offenzuhalten, wie notwendig sind, um die Umgebung im Gleichgewicht zu halten. Für jedes Mitglied bedeutet das, den Annehmlichkeitsbereich der Familie zu maximieren, der sich aus der Überschneidung der Flächen ergibt, die dem eigenen Identitätszyklus am meisten entsprechen. Das Bewußtsein eigener Wahlmöglichkeiten wie auch die Übernahme der persönlichen Verantwortung, daraus zu wählen, schließen mit ein, zwei Tatsachen zur Kenntnis zu nehmen.

Erstens, daß wir alle Fehler machen und nicht vollkommen sein können. Dadurch daß man sich der menschlichen Möglichkeiten bewußt ist, kann man sich ein Gefühl für die Grenzen des Menschen bewahren, erkennen, daß jemand einen Fehler begangen hat, und es einfach beim nächstenmal anders machen. Das bedeutet keineswegs, daß die Beziehung des Betreffenden zu denen, die er liebt, für immer zerstört ist. Und es bedeutet auch nicht, daß der Betreffende durch seine Tat als Mensch an Wert verloren hätte.

Zweitens, daß Konflikte unvermeidbar sind, insbesondere mit denen, die einem am nächsten stehen. Die Grundzüge des Identitätszyklus machen gerade das Wesen dessen aus, wie sich der Mensch erneuert. Im Kern des Zyklus aber läuft ein Prozeß ab, der verlangt, von anderen auch dann abzurücken, wenn sonst alles stimmt. Keine Familie existiert also ohne Qual. Ihr auszuweichen oder sie zu steuern, erhöht sie nur noch. Die Qual als ein Zeichen der Entwicklung anzuerkennen und die unausweichlichen Differenzen hinzunehmen, ebnet der Aussöhnung den Weg. Die Qual nimmt eine neue Bedeutung an, sobald sich die Beziehung vertieft. Differenzen und Abstand brauchen nicht als persönliches Versagen gedeutet zu werden, sondern als ein neuer Abschnitt im Familienzyklus der Jahreszeiten.

Werden diese beiden Tatsachen akzeptiert, stellt sich Vertrauen in die Fürsorge anderer ein und gleichzeitig eine realistische Einschätzung der eigenen Person. Ein Fehler kann Unbehagen auslösen, aber das Wissen um Alternativen macht es möglich, den Schaden zu beheben. Jeder kann einen Fehler wiedergutmachen und mit Nachsicht rechnen.

Der Schlüssel zu all dem ist die Eigenverantwortung. Sich selbst gegenüber aufrichtig zu sein, ist der sicherste Weg zur Ehrlichkeit gegenüber anderen. In einer Zeit, die Selbstverwirklichung und Unabhängigkeit auf ihr Panier geschrieben hat, ist uns entgangen, daß sich selbst gegenüber ehrlich zu sein auch der Schlüssel zur wechselseitigen Abhängigkeit ist, denn das Hauptanliegen in einer Familie ist das Vertrauen. Eine Atmosphäre des Vertrauens herrscht nur, wenn man sich auf andere verlassen kann.

Um Vertrauen aufrechtzuerhalten, sind zwei entscheidende Vorgänge notwendig. Erstens ist es bei einem Konflikt mit anderen unerläßlich, rückhaltlos die eigene Verantwortung im jeweiligen Fall zu prüfen. Ich habe oft die Feststellung gemacht, daß je sicherer ich war, die Schuld beim anderen zu finden, desto größer der eigene Anteil an der Sache war. Zweitens ist wichtig, die eigene Rolle zu erkennen, wenn es darum geht, den Identitätsprozeß anderer zu fördern. Selbsthilfegruppen, wie zum Beispiel die Anonymen Alkoholiker, machen seit Jahren die Erfahrung, daß man durch das Bestätigen anderer eine Kräftigung der eigenen Identität erreicht. Beide Vorgänge, das Anerkennen der eigenen Verantwortung und der wechselseitigen Abhängigkeit mit anderen, sind das Kernstück dessen, wovon dieses Buch handelt.

Erneuerung der Beziehungen in der Familie

Dieses Buch und dieses Programm beschäftigen sich mit der Erneuerung der Familie. Es gibt zahllose ausgezeichnete Bücher und Programme, die Methoden und Kenntnisse vermitteln. »Harmonie in der Familie« versucht, auch den Selbstheilungsprozeß der Familie zu erschließen. Wie andere natürliche Systeme kann auch die Familie die eigene Stärke als Teil einer ständigen Suche nach ihrem kollektiven Selbst, dem »Wir«, wiedererlangen und weiter Kraft aus dem Identitätsstreben jedes Mitglieds ziehen. Wenn das sich ergebende Familienumfeld sowohl Autonomie wie auch Gemeinsamkeit fördert, werden die unvermeidlichen Konflikte mit Verantwortung angegangen und ebenso überwunden. Außerdem werden die wesentlichen Elemente einer gesunden Selbsteinschätzung erhalten, da Vertrauen untereinander herrscht. Und die Familie wird imstande sein, die Hindernisse aus dem Weg zu räumen, die die Entwicklung und Veränderung vereiteln.

Die Vorstellung vom Wohl und der Erneuerung der Familie setzt einen fast rücksichtslosen Realismus uns selbst gegenüber voraus. Die Aufrichtigkeit, die notwendig ist, kommt in einem Gebet zum Ausdruck, das für viele von Segen und ganz im Sinn dieses Buches ist:

Gott gebe mir die Gelassenheit,
das hinzunehmen, was ich nicht ändern kann,
den Mut, das zu ändern, was ich kann,
und die Weisheit, den Unterschied zu erkennen.
Amen.

Übungen

Es folgen einige Fragen, über die Sie zum Abschluß dieses Buches im Rahmen Ihres Tagesbuches nachdenken sollten. Sie sind gleichzeitig eine Aufforderung an Sie, sich weiter mit dem zu beschäftigen, was Sie in diesem Programm gelernt haben. In dem Maß, in dem sich Ihr Verständnis vertieft, wird auch das Leben Ihrer Familie reicher werden.

1. Welche Muster bei mir und bei meiner Familie möchte ich vermeiden?
2. Wie kann ich die Quellen der Erneuerung in unserer Familie am Leben erhalten?
3. Welche Schritte kann ich unternehmen, um verantwortlicher für mich selbst zu werden?
4. Wem in meinem Leben gebe ich noch immer die Schuld an Dingen, die mir nicht gefallen?
5. Wie kann ich sicherstellen, daß unsere Familie regelmäßig die Zeit findet, zusammenzukommen, Geschichten zu erzählen, sich über Probleme auszusprechen oder Pläne für die Zukunft zu machen?
6. Welche neuen Bräuche sollten in unsere Familie aufgenommen werden?
7. Welchen neuen Möglichkeiten will ich als Folge dieses Buches nachgehen?

Der Annehmlichkeitsbereich der Familie   Familie

Unten ist eine Familienkarte abgebildet, in die man den Annehmlichkeitsbereich einer Familie einzeichnen kann. Jeder sollte ein Oval zeichnen, das seinem Identitätszyklus weitestgehend entspricht. Schraffieren Sie die Fläche, wo sich die Ovale überschneiden — das ist Ihr Annehmlichkeitsbereich. Diskutieren Sie in der Familie über seine Größe. Ist er groß genug, um Sie alle für die meiste Zeit zu erfassen, oder sind einige Veränderungen erforderlich? Welche Möglichkeiten gibt es da?

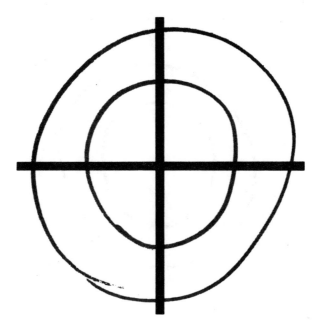

Unsere sich verändernde Familie   *Individuell*

Zeichnen Sie in der Familienkarte drei Punkte ein, die angeben, wo Sie sich vor fünf Jahren befanden, wo Sie heute sind, und wo Sie glauben, in fünf Jahren zu sein. Etwa so:

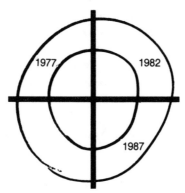

Wenn Sie die Zahlen eintragen, sprechen Sie mit der Familie über die Veränderungen, die eingetreten sind und noch eintreten müssen. Malen Sie sich mit der Familie aus, wie Ihr Zusammenleben in fünf Jahren aussehen wird.

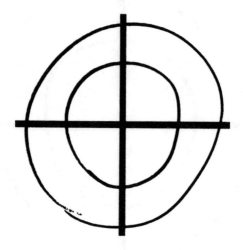

Grenzbereich der Identität   *Ehepaar/Familie*

Ein guter Weg, über ein Problem zu sprechen, ist, gemeinsam an den verschiedenen Teilen Ihres Identitätszyklus teilzuhaben. Wenn Sie sich gemeinsam der verschiedenen Seiten Ihrer Ichs bewußt werden, können Sie sich Klarheit über das Problem verschaffen, sich aber auch gegenseitig in Ihren Bemühungen bekräftigen, eigene Grenzen zu wahren. Ein stärker am Ganzen ausgerichtetes Bild wird die Spannungen verringern und kann vielleicht sogar eine Lösung bringen. Vor allem aber wird die Beschäftigung mit dem Identitätszyklus jedem einzelnen helfen, einen Besitzanspruch an seinem Teil des Problems anzumelden.

Betrachten wir die Geschichte von Doris und Karl. Karl hatte Doris ermuntert, nach der Geburt des erwarteten Kindes wieder zu studieren. Doris nahm ihn beim Wort und schrieb sich für zwei Kurse im Herbst ein. Als es dann soweit war, über Einzelheiten zu sprechen, wurde Karl gereizt und schwierig — vor allem, weil einer der Kurse abends stattfinden sollte. Doris ärgerte sich über seine Mißmutigkeit. Als sie dann über ihre Identitätszyklen sprachen, stellten sie fest, daß doch einiges auf dem Spiel stand. Das Problem ließe sich etwa wie folgt darstellen.

Gegenabhängigkeit:
»Ich möchte nicht gefesselt sein, wenn ich den ganzen Tag schwer arbeiten muß.«

Abhängigkeit:
»Ich fühle mich nicht wohl, wenn ich mit dem Baby allein bin.«

Unabhängigkeit:
»Ich möchte mich um das Baby kümmern können, ohne daß du dabei bist — das würde bestimmt nett.«

Wechselseitige Abhängigkeit:
»Ich möchte wirklich, daß du gehen und eine Zeitlang fortsein kannst.«

Keith

Gegenabhängigkeit:
»Ich muß etwas aus dem Haus
und sogar eine Zeit von dem
Kind weg.«

Abhängigkeit:
»Ich brauche wirklich
deine Hilfe, wenn ich das
schaffen will.«

Unabhängigkeit:
»Ich bin ganz außer mir,
daß ich Kurse nehme und
meinen Berufsweg weiter-
verfolgen kann.«

**Wechselseitige
Abhängigkeit:**
»Ich schätze deine
Hilfe und Unterstützung,
mich wieder Kurse
nehmen zu lassen.«

Dianne

Dadurch, daß Doris und Karl diese Unterschiede bei sich feststellten, konnten sie die gereizte Atmosphäre bereinigen und sich einigen ihrer Bedürfnissen widmen. Der Identitätszyklus lieferte ihnen eine systematische Möglichkeit, über das Problem zu sprechen.

Suchen Sie sich eine Frage aus, die zwischen Ihnen und einem anderen Familienmitglied umstritten ist. Bedienen Sie sich der vier Phasen des Identitätszyklus und sprechen Sie zusammen über das Problem. Wenn Sie etwas mehr Übung bekommen haben, gehen Sie auf die gleiche Art mit der ganzen Familie irgendein Problem durch. Es empfiehlt sich, ein große Blatt Papier zu nehmen und wie im Fall von Doris und Karl die Reaktionen jedes einzelnen aufzuschreiben.

Die folgenden Fragen sollen Ihnen helfen, ein Zuviel oder Zuwenig an Verantwortung in Ihrem Identitätszyklus festzustellen. Vervollständigen Sie die Liste durch Einkreisen der Zahl, die am exaktesten angibt, was Sie normalerweise tun.

	Nie	Selten	Manch-mal	Oft	Immer
1. Weisen Sie Unterstützung und Hilfe ab, wenn Sie sie brauchen?	1	2	3	4	5
2. Machen Sie andere verantwortlich für Beschränkungen oder ungenügende Unterstützung?	1	2	3	4	5
3. Glauben Sie, daß um als Person annehmbar zu sein, Sie in allem zu den Besten gehören müssen?	1	2	3	4	5
4. Glauben Sie, daß andere eine Aufgabe nicht so gut lösen können wie Sie?	1	2	3	4	5
5. Sehen Sie Dinge manchmal als unmöglich oder hoffnungslos an?	1	2	3	4	5
6. Beachten Sie Regeln nicht, wenn Sie sie nicht mögen?	1	2	3	4	5
7. Versuchen Sie, den Anschein aufrechtzuerhalten, daß Sie ein unabhängiger Mensch sind?	1	2	3	4	5
8. Gelingt es Ihnen nicht, sich bei Verhandlungen und Verpflichtungen durchzusetzen?	1	2	3	4	5

9. Bitten Sie nicht um Hilfe, weil Sie nicht als »Last« empfunden werden wollen?	1	2	3	4	5
10. Halten Sie Regeln für schwierig, weil diejenigen, die sie gemacht haben, Sie nicht verstehen?	1	2	3	4	5
11. Stellen Sie an sich selbst unrealistische Anforderungen, die zu einer Überbeanspruchung führen?	1	2	3	4	5
12. Kritisieren Sie und ärgert Sie die Unfähigkeit anderer, ihren Niedergang aufzuhalten?	1	2	3	4	5
13. Gefällt es Ihnen, wenn andere etwas für Sie erledigen, das Sie selbst tun könnten?	1	2	3	4	5
14. »Vergessen« Sie Regeln, die Ihnen nicht gefallen?	1	2	3	4	5
15. Arbeiten Sie an Projekten wegen des Beifalls anderer?	1	2	3	4	5
16. Helfen Sie anderen, wenn Sie es gar nicht wollen?	1	2	3	4	5

Verantwortungsprofile — Bestandsaufnahme

Erstellen Sie *Schaubilder* durch Addition der Antworten auf die Fragen, die unter den einzelnen Phasen der Identitätszyklen aufgeführt sind. Beispiel: Wenn die Antworten auf die Fragen 1 und 9 zusammen 7 ergeben, kreisen Sie die 7 hinter der Identitätsphase ein. Verbinden Sie Ihre Antworten durch eine Linie. Vervollständigen Sie die

Schaubilder für zuviel und zuwenig Verantwortung, indem Sie durch Addition die Gesamtbewertung errechnen. Weichen die beiden wesentlich voneinander ab?

Schaubild für zuviel Verantwortung

	Niedrig								Hoch	
Abhängigkeit (1 – 9)	1	2	3	4	5	6	7	8	9	10
Gegenabhängigkeit (2 – 10)	1	2	3	4	5	6	7	8	9	10
Unabhängigkeit (3 – 11)	1	2	3	4	5	6	7	8	9	10
Interdependenz (4 – 12)	1	2	3	4	5	6	7	8	9	10

Gesamtbewertung: _____

Schaubild für zuwenig Verantwortung

	Niedrig								Hoch	
Abhängigkeit (5 – 13)	1	2	3	4	5	6	7	8	9	10
Gegenabhängigkeit (6 – 14)	1	2	3	4	5	6	7	8	9	10
Unabhängigkeit (7 – 15)	1	2	3	4	5	6	7	8	9	10
Interdependenz (8 – 16)	1	2	3	4	5	6	7	8	9	10

Gesamtbewertung: _____

Vielleicht möchten einige Familienmitglieder ihre Gesamtbewertung und die Familienkarte vergleichen, um festzustellen, ob zuviel oder zuwenig Verantwortung in Ihrer Familie im Familienumfeld zum Ausdruck kommt.

Die Suche nach Wahlmöglichkeiten   *Individuell*

Einige Probleme haben ihre Ursache im Mangel an Optionen. Das Wiederholen alter Lösungen hilft nicht weiter und ist vielleicht sogar ein Teil des Problems. Dann erhebt sich die Frage, über bereits ausprobierte Lösungen hinauszugehen. Verwenden Sie die folgenden Fragen als eine Orientierungshilfe, wenn Sie ein hartnäckiges Problem durchdenken.

1. Das Problem ist folgender Art: . . .
2. Die Lösungen, die ich bisher erprobt habe, sind . . .
3. Neue mögliche Lösungen sind . . .

4. Eine neue Lösung, die mir sinnvoll erscheint, ist ...

5. Ein Schritt hin zu dieser Lösung wäre ...

Familientreffen

Sinn eines Familientreffens ist es, regelmäßig zusammenzusein, um über Probleme, Ziele und Pläne der Familie zu reden. Damit es erfolgreich ist, muß es regelmäßig stattfinden und einen Nutzen haben. Die Familienmitglieder müssen das Gefühl haben, daß ihr Beitrag zählt. Ein Familientreffen ist ein guter Weg, Ordnung und Ausgewogenheit zu wahren, aber auch das Beste aus Gelegenheiten und Optionen zu machen. Es kann den Annehmlichkeitsbereich der Familie aufwerten.

Falls Sie bisher noch nicht regelmäßig zusammenkommen, berufen Sie ein Treffen ein, um versuchsweise eine Folge von Zusammenkünften zu planen. Entscheiden Sie sich für einen Termin, der regelmäßig eingehalten werden kann. Wenn es Ihnen zunächst lästig erscheint, versuchen Sie, das was im Weg ist, zu ändern.

Der Familienrückzug

Der Familienrückzug ist als eine Übung gedacht, die die persönliche Verantwortung und Anerkennung fördert. Jeder nimmt sich etwas Zeit und beantwortet für sich die gestellten Fragen. Anschließend kann sich die Familie über die Antworten austauschen, wobei man sehr darauf achten sollte, daß andere Familienmitglieder nicht gehänselt, schlechtgemacht oder kritisiert werden. Der Prozeß soll helfen, daß Sie davon abkommen, Fehler bei anderen zu suchen, anzuklagen und Schuld zuzuweisen, indem Sie die Mitglieder auffordern, persönliche Verantwortung zu übernehmen und Anerkennung auszudrücken. Lassen Sie sich dabei viel Zeit, denn es kann eine sehr positive Erfahrung sein.

Teilen Sie ein Blatt Papier in eine rechte und eine linke Hälfte. Führen Sie auf der einen Seite auf, wodurch Sie

Ihren Familienangehörigen das Zusammenleben mit Ihnen schwergemacht haben, also Dinge, die Sie getan haben, und die verletzend, unverschämt oder gleichgültig waren. Schreiben Sie auf die andere Seite all das, was Sie an den Mitgliedern Ihrer Familie schätzen, was Sie also an anderen wirklich mögen. Sprechen Sie dann in der Familie über diese beiden Aufstellungen.

Und denken Sie daran: Wenn jemand etwas zugibt, was Sie sich von dem Betreffenden schon immer erhofft hatten, seien Sie nicht kritisch und machen Sie keine satirischen oder abfälligen Bemerkungen. Eine respektvolle, positive Reaktion beschert Ihnen eine bedeutsame, lohnende Zeit miteinander. Es ist ein hervorragender Familienbrauch, den Sie vielleicht übernehmen werden.

Adressenhinweise

Einige Trainingsinstitute, die bereits mit diesem Familienentwicklungsprogramm in Deutschland arbeiten:

1. CONTACT, Michael Paula, Institut für Interpersonale Beziehungen, Kommunikation und Kooperation,
   Saseler Kamp 97c, D-2000 Hamburg 65

2. Haus Kauzenberg, Zentrum für Partnerschaftliches Lernen und Leben — in Familie und Beruf, Auf dem Kauzenberg,
   D-6550 Bad Kreuznach

3. Münchner Bildungswerk e. V., Adolf-Kolping-Straße 1,
   D-8000 München 2

Stichwortverzeichnis